AF366469

ORDONNANCE

DU ROY,

Concernant les Gouverneurs & Lieutenans généraux des provinces, les Gouverneurs & E'tat-majors des Places, & le service dans lesdites places.

Du 25 Juin 1750.

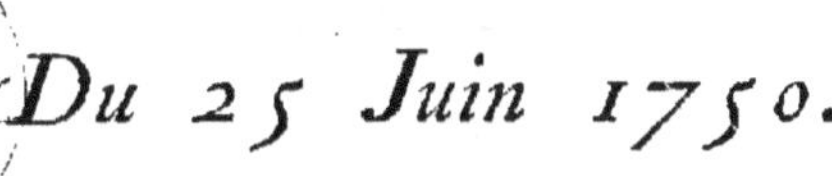

A PARIS,
DE L'IMPRIMERIE ROYALE.

M. DCCL.

TABLE

Des Titres contenus en l'ordonnance du Roy du 25 juin 1750, concernant les Gouverneurs & Lieutenans généraux des provinces, les Gouverneurs & E'tat-majors des Places, & le service desdites places.

ORDONNANCE

ORDONNANCE
DU ROY,

Concernant les Gouverneurs & Lieutenans généraux des provinces, les Gouverneurs & Etats-majors des Places, & le service dans lesdites places.

Du 25 Juin 1750.

DE PAR LE ROY.

SA MAJESTÉ étant informée que nonobstant ce qui est prescrit par son ordonnance du premier août 1733, concernant le service des Places, les différens usages qu'Elle avoit en vûe de détruire, subsistent encore, & qu'il s'en est même introduit depuis de nouveaux; & voulant remédier aux inconvéniens qui résultent nécessairement de toute variété arbitraire dans une matière aussi importante, en établissant dans toutes les places une règle constante & uniforme, & abolissant généralement tous usages contraires, sous

A

quelque nom & prétexte qu'ils aient été admis, Elle a ordonné & ordonne ce qui suit :

DU COMMANDEMENT DANS LES PLACES.

ARTICLE PREMIER.

Gouverneurs, Lieutenans généraux & Commandans dans les provinces.

LES Gouverneurs & Lieutenans généraux des provinces, lorsque Sa Majesté leur permettra d'exercer leur charge, y auront la même autorité, chacun dans leur département, que si Elle leur avoit fait expédier un ordre ou commission expresse pour y commander.

I I.

LESDITS Gouverneurs & Lieutenans généraux des provinces, ou autres Officiers établis pour y commander, veilleront à en contenir les habitans dans l'obéissance qu'ils doivent à Sa Majesté, & à les faire vivre entr'eux en bonne union.

Ils contiendront pareillement les gens de guerre en bon ordre & discipline; commanderont aux troupes qui passeront ou séjourneront dans l'étendue de leur commandement; & ordonneront ce qui conviendra pour le logement & autres fournitures qui devront leur être faites.

Ils en visiteront les places, pour tenir la main à leur garde & conservation.

Ils assembleront les troupes en cas de besoin, & non autrement; les garnisons établies par Sa Majesté ne devant point être changées sans nécessité, qu'en conséquence de ses ordres.

Ils jouiront au surplus de toute l'étendue des pouvoirs qui seront compris dans les provisions, commissions ou ordres que Sa Majesté leur aura fait expédier.

I I I.

Officiers généraux employés.

LES Officiers généraux employés par lettres de service, lorsque les Généraux des armées, ou Commandans en chef sur les frontières, les envoyeront dans les places, y donneront le mot chaque jour, & y jouiront des honneurs attachés à leur grade.

Ils commanderont aux troupes qu'ils y auront menées avec eux, & qui ne feront pas deftinées à y tenir garnifon.

Ils pourront même faire fortir defdites places la moitié des garnifons pour aller en détachement, & commander ces détachemens, ou les faire commander par des Officiers à leur choix.

Mais ils ne changeront rien au fervice de la place, dont ceux qui y commandoient avant leur arrivée, demeureront chargés en leur préfence.

I V.

LORSQUE les Généraux d'armée, ayant en même temps pouvoir de commander fur la frontière, envoyeront un des Officiers généraux employés fous leurs ordres, dans une place de cette frontière qui feroit menacée de fiège, avec un ordre d'eux par écrit pour y commander, veut Sa Majefté que ledit Officier général commande dans ladite place, comme s'il avoit un ordre d'Elle à cet effet, & que le Gouverneur ou Lieutenant de Roy de ladite place, foit tenu de fe conformer à fes ordres, à peine de défobéiffance.

V.

LES Directeurs & Infpecteurs généraux d'Infanterie, de Cavalerie & de Dragons, étant dans les places avec un ordre pour y faire l'infpection des troupes de la garnifon, y donneront le·mot, & jouiront des honneurs attachés à leur grade, comme s'ils avoient des lettres de fervice. Lorfqu'ils voudront faire prendre les armes aux troupes, & en faire la revûe, ils le demanderont au Commandant de la place, qui ne pourra le refufer fans des raifons dont il rendra compte fur le champ à Sa Majefté.

Infpecteurs.

V I.

LES Gouverneurs des places y commanderont fous l'autorité des Gouverneurs & Lieutenans généraux, ou du Commandant de la province; ils ordonneront aux habitans de leur gouvernement, & aux gens de guerre qui y feront, ce qu'ils auront à faire pour le fervice; & ils y tiendront la main à la difcipline & à la tranquillité publique.

Gouverneurs particuliers, & Commandans des places.

V I I.

Les Commandans particuliers que le Roy jugera à propos d'établir dans les places, n'y reconnoîtront que l'autorité de celui à qui Sa Majesté aura confié le commandement de la province où cette place sera située.

V I I I.

Les Gouverneurs & Commandans des places ne pourront entreprendre sur les droits de la justice ordinaire, ni même s'entremettre dans les matières contentieuses; devant se contenter de prêter main-forte aux juges des lieux pour l'exécution de leurs jugemens, quand ils en seront par eux requis, & de présider aux Conseils de guerre qui seront tenus chez eux pour connoître de tous les crimes commis entre les gens de guerre, auxquels les habitans ne seront point intéressés.

I X.

Ils règleront provisoirement les difficultés qui s'éleveront entre les Officiers de leur Etat - major & ceux des troupes de leur garnison; en attendant que sur le compte qu'ils en rendront au Commandant de la province, ils se soient procuré une décision supérieure :

Ils en informeront aussi le Secrétaire d'état ayant le département de la guerre, lorsque le cas le requerra.

X.

Lorsqu'une place sera assiégée, le Gouverneur ou Commandant ordonnera & disposera à son gré des troupes & Officiers qui y seront à ses ordres.

Il chargera ceux qu'il jugera à propos, des détails relatifs à la défense & au bon ordre de la place, de même que de la garde des ouvrages & des postes dont il les retirera pour les placer ailleurs, quand & selon que le bien du service lui paroîtra l'exiger, tant dans l'intérieur qu'à l'extérieur desdites places.

X I.

Lieutenans de Roy.

En l'absence des Gouverneurs des places, les Lieutenans de Roy y auront la même autorité qu'eux, à moins que Sa Majesté n'y eût établi un Commandant; auquel cas, ainsi qu'en qu'en préfence du Gouverneur, lefdits Lieutenans de Roy feront feulement chargés du détail du fervice de leur place, fous l'autorité defdits Gouverneur ou Commandant.

X I I.

LES Majors des places y commanderont au défaut & en l'abfence des Gouverneurs & Lieutenans de Roy ou autre Commandant.

Majors des places.

X I I I.

LORSQU'IL ne fe trouvera point dans une place de guerre, d'Officier pourvû d'un pouvoir de Sa Majefté pour y commander, le commandement appartiendra à l'Officier des troupes françoifes de la garnifon, foit de Gendarmerie, de Cavalerie, & de Dragons ou d'Infanterie, qui aura le grade fupérieur; & à grade égal, à l'Officier d'Infanterie du plus ancien régiment françois, quand même il fe trou-veroit feul avec fa compagnie, & ce, par préférence à tous les Officiers des régimens de nation étrangère, même d'un grade fupérieur à celui de l'Officier françois, & en attendant qu'il ait été établi un Commandant par Sa Ma-jefté ou par les Généraux de fes armées.

Commandement au défaut des Officiers majors.

X I V.

ENTEND néanmoins Sa Majefté, que s'il y avoit dans une place ainfi dénuée, des Officiers de fon Etat-major ayant pouvoir de commander, un ou plufieurs Officiers généraux ou Brigadiers employés, le plus ancien d'entre eux prendra le commandement, de manière cependant que le Brigadier d'Infanterie françoife ait la préférence fur ce-lui de Cavalerie ou de Dragons.

X V.

LES Officiers généraux & Brigadiers qui n'auront point de lettres de fervice, n'auront aucun rang, ni comman-dement à prétendre en cette qualité.

Officiers généraux non employés.

X V I.

IL en fera de même des Colonels, Meftres-de-camp & Lieutenans-colonels réformés à la fuite des corps, & des Officiers qui auront obtenu de femblables commiffions, lef-quels ne pourront commander dans les places, que fuivant

Colonels & Lieutenans-colo-nels réformés.

le grade des autres emplois dont ils feront revêtus, & n'y feront d'autres fonctions que celle defdits emplois.

X V I I.

Aide-majors des places. LES Aide-majors des places, auxquels Sa Majefté n'aura pas fait expédier d'ordre pour commander en l'abfence du Major ou autres Officiers fupérieurs, n'y commanderont qu'après les Capitaines françois, & avant tous Lieutenans & Enfeignes.

X V I I I.

Ordre établi ne fe changera. L'ORDRE établi pour le fervice des places par les Gouverneurs, Lieutenans de Roy & Commandans, ne pourra être changé par les autres Officiers de l'Etat-major & de la garnifon, qui en auront le commandement en leur abfence.

X I X.

Capitaines des portes. LES Capitaines des portes qui ne feront point pourvûs de brevets d'Aide-major, n'auront de rang dans les places qu'après tous les Officiers de la garnifon ; & ne feront reconnus en leur qualité de Capitaine des portes, que lorfqu'ils fe préfenteront pour ouvrir & fermer les portes aux heures ordinaires.

X X.

Subordination. TOUS Chefs & Officiers des troupes de Sa Majefté, de quelque grade & caractère qu'ils puiffent être, & ceux étant fous leur charge, comme auffi les Officiers d'Artillerie, les Ingénieurs, & généralement tous autres Officiers militaires, reconnoîtront les Gouverneurs, Lieutenans de Roy ou Commandans, & autres Officiers de l'Etat-major des places où il fe trouveront, foit en garnifon, foit en y paffant avec leur troupe; & feront tenus de leur obéir fans difficulté, en tout ce qui concernera leurs fonctions, telles qu'elles font ci-deffus détaillées.

X X I.

TOUT Cavalier, Dragon ou Soldat, qui mettra l'épée à la main contre lefdits Officiers, qui les frappera ou les menacera, foit en portant la main à la garde de fon épée, ou en faifant quelque mouvement pour mettre fon fufil en joue, quand même il auroit été frappé ou maltraité par lefdits

.Officiers, fera puni fuivant la rigueur des ordonnances.
X X I I.

LES Soldats, Cavaliers ou Dragons qui feront convain-cus d'avoir confpiré contre la fûreté de la place, & contre les Gouverneurs ou Commandans defdites places, feront punis fuivant la rigueur des ordonnances.
X X I I I.

LES Commandans des troupes de Gendarmerie, de Ca-valerie, de Dragons ou d'Infanterie, étant en garnifon dans les places, ne pourront les affembler, leur faire prendre les armes, ni les faire monter à cheval, en tout ou en partie, fans la permiffion dudit Gouverneur ou Commandant de la place.
X X I V.

LORSQUE le Gouverneur ou Commandant d'une place, ou un Officier-major de leur part, ordonnera aux Officiers de faire prendre les armes, ou de monter à cheval, à la totalité ou partie des corps qu'ils commanderont, ils feront tenus de s'y conformer, fans pouvoir exiger d'eux de leur rendre raifon du motif des ordres qu'ils leur donneront concernant le fervice.

DE L'ARRIVE'E DES TROUPES
dans les places.

X X V.

LORSQU'UN régiment d'Infanterie, de Cavalerie ou de Dragons, devra arriver dans une place pour y tenir gar-nifon, le Major ou l'Aide-major, avec un Capitaine & un Lieutenant, partiront à l'avance du dernier logement, pour venir prendre les ordres du Commandant de ladite place, & les porter à celui du régiment, lorfqu'il fera à portée de la place.

Officiers qui iront au loge-ment.

X X V I.

LES troupes arrivées près de la place, fe mettront en bataille au pied du glacis, pour y attendre les Soldats, Cavaliers & Dragons qui feront reftés derrière.

Halte des troupes avant d'entrer.

X X V I I.

Si les troupes doivent être fouillées par les commis des fermes, on fera mettre pendant cette halte, les bataillons fur quatre rangs éloignés les uns des autres de quatre grands pas; on leur fera pofer leurs armes à terre, & leur havre-fac entre leurs jambes, & ceux qui auront un peu de tabac pour leur ufage journalier, le tiendront à la main: alors un commis des fermes entrera dans chaque rang, accompagné d'un Officier du régiment, & vifitera fuccef-fivement les havre-facs du même rang, même les habits s'il foupçonne qu'ils aient de la contrebande fur eux; & les Officiers feront arrêter ceux dans les habits & équi-pages defquels il s'en fera trouvé.

Il en fera ufé de même à l'égard des troupes de Cavalerie & de Dragons, en obfervant de faire mettre les Cavaliers & Dragons pied à terre à la tête des chevaux, & de mettre au moins fix pas d'intervalle libre entre chaque rang.

X X V I I I.

Lorsque le logement aura été réglé, les troupes fe mettront en marche pour entrer dans la place, fur l'aver-tiffement qu'elles en recevront du Major, ou de l'Aide-major de la place, qui viendra les prendre hors de la bar-rière, & fe mettant à leur tête, les conduira fur la place d'armes.

X X I X.

Les régimens d'Infanterie défileront par compagnie, les Officiers étant à pied, chacun à la tête de fa troupe avec leur hauffe-col, l'efponton à la main, les tambours battant, & les Soldats fufil fur l'épaule.

X X X.

La compagnie de Grenadiers marchera la première, & les autres enfuite, fuivant le rang qu'elles tiendront dans le bataillon.

X X X I.

Les troupes de Gendarmerie, Cavalerie & Dragons, défileront auffi par compagnie, fur un front plus ou moins étendu, fuivant la largeur des rues, & dans le même

ordre

ordre que les efcadrons devront être formés, les Officiers étant à la tête l'épée à la main, les timbales battant, & les trompettes fonnant.

X X X I I.

LES troupes arrivées fur la place d'armes, s'y mettront en bataille, faifant face au corps-de-garde ou à la maifon de ville, autant que cela fe pourra ; & le Major de la place ayant fait battre un ban, fera les défenfes ordonnées.

X X X I I I.

Contrôle des troupes, remis au Commandant.

ON tirera les gardes, s'il y en a à tirer pour le fervice de la place ; & lorfque le Commandant de la place l'ordonnera, les compagnies défileront devant lui, pour qu'il puiffe en connoître la force, & le Major lui en remettra un état contenant le nombre des hommes de chaque compagnie qui feront préfens, & de ceux qui feront abfens par congé, ou aux hôpitaux.

X X X I V.

Conduite au quartier.

LES compagnies feront conduites delà à leurs quartiers par leurs Officiers, qui ne les quitteront que lorfqu'elles y feront arrivées.

X X X V.

Drapeaux & E'tendards.

AVANT que les troupes entrent dans leurs quartiers, les drapeaux & étendards feront conduits chez les Commandans des corps, efcortés par des détachemens, dans le même ordre qui eft établi pour les aller chercher quand la troupe doit s'affembler ; & lorfque les drapeaux y auront été remis, le détachement qui les y aura efcortés, fera reconduit par fes Officiers & Sergens à fon quartier, où il retournera en bon ordre.

X X X V I.

Traîneurs.

LES gardes aux portes arrêteront les traîneurs qui fe préfenteront pour entrer une heure après l'arrivée de la troupe.

D E S   B A N S.

X X X V I I.

Défenfes à l'arrivée.

DÈS qu'une troupe étant arrivée dans le lieu de fa

garnifon, fe fera formée en bataille fur la place d'armes, le Commiffaire des guerres, ou à fon défaut celui que le Commandant de la place prépofera à cet effet, publiera à la tête de ladite troupe, un ban portant défenfes fous les peines portées par les ordonnances, à tous Soldats, Cavaliers & Dragons, de s'éloigner du lieu de la garnifon, au delà des limites qui leur feront indiquées ; d'y mettre l'épée à la main, ou de commettre aucun défordre ; de s'établir en d'autres logemens que ceux portés par leurs billets :

D'entrer dans les jardins & autres lieux fermés, d'y fourrager, couper des arbres, ni prendre aucune chofe :

De rien exiger de leur hôte, qu'un lit garni pour deux, & place au feu & à fa chandelle. Les mêmes défenfes feront faites aux Officiers, à peine de concuffion, & d'être refponfables des dommages caufés par leurs Soldats, en cas de tolérance de leur part.

X X X V I I I.

LE Commandant de la place ajoûtera à ces défenfes celles qu'il jugera néceffaires ; par rapport aux conjonctures & au fervice particulier de la place.

X X X I X.

Plaintes contre les contrevenans. IL fera fait auffi un autre ban, à la diligence du Commiffaire & du Commandant de la troupe, portant injonction aux habitans, qu'en cas de contravention aux défenfes fufdites, ils aient à le venir déclarer incontinent, & porter leur plainte au Commandant de la place, pour en être fait juftice fur le champ ; faute de quoi, il en fera dreffé procès verbal par les Officiers de ville, ou principaux habitans, que le premier d'entr'eux fera tenu d'envoyer au Secrétaire d'état ayant le département de la guerre, & à l'Intendant, à peine aux Officiers, ou principaux habitans, de répondre des dommages que les particuliers auront foufferts impunément.

X L.

Crédit aux Soldats. IL fera fait auffi défenfes aux bourgeois & autres habitans, de faire crédit aux Soldats, Cavaliers & Dragons, à peine de perdre leur dû.

X L I.

Avant le départ de la troupe du lieu de sa garnison, il *Plaintes au* sera de même fait un ban à la diligence du Commissaire des *départ.* guerres, ou à son défaut, de la part du Commandant, pour savoir s'il y aura plainte contre aucun Officier ou Soldat; & en cas qu'il y en ait, elle sera sur le champ réparée par le soin & autorité du Commandant ou du Commissaire.

X L I I.

Les Officiers de ville, ou principaux habitans, seront tenus de recevoir les plaintes qui leur seront faites dans les premières vingt-quatre heures après le départ de la troupe, d'en dresser des procès verbaux, & de les envoyer pareillement au Secrétaire d'état ayant le département de la guerre, & à l'Intendant, à peine d'en répondre: Voulant Sa Majesté que ledit terme de vingt-quatre heures étant écoulé sans qu'il y ait eu de plaintes, lesdits Magistrats ne puissent refuser de donner un certificat de bien vivre à l'Officier-major, qui restera pour cet effet au lieu de la garnison après le départ de la troupe.

X L I I I.

Qui que ce soit ne pourra faire battre de bans dans *Publications* une place, sans la permission de celui qui y commandera. *de Bans.*

X L I V.

On ne pourra de même, sans sa permission, faire recevoir un Officier, Maréchal-des-logis ou Sergent, ni publier aucunes lettres de casse.

DU LOGEMENT.

X L V.

Le régiment, ou autre troupe qui arrivera dans une *Choix du* garnison, y prendra le quartier de celui qu'il remplacera. *quartier.*

X L V I.

S'il y a plusieurs quartiers vuides, il choisira celui qui lui conviendra le mieux; & quand il y sera établi, il ne pourra être déplacé à l'occasion de l'arrivée d'un autre régiment, à moins qu'il ne fût nécessaire de resserrer le logement pour faire place à la nouvelle troupe.

X L V I I.

SI plusieurs régimens arrivent ensemble dans une même place, ils tireront au sort le quartier que chacun d'eux devra occuper, sans que le plus ancien puisse prétendre de choisir.

X L V I I I.

LA préférence sera seulement réservée aux régimens des Colonels généraux de la Cavalerie & des Dragons, vis-à-vis des autres régimens des mêmes corps.

X L I X.

DANS les places où il y aura des casernes & pavillons destinés pour le logement des troupes, aucun Officier, Gendarme, Cavalier, Dragon ou Soldat, ne pourra être logé chez l'habitant, qu'après que toutes les chambres desdits bâtimens auront été remplies.

L.

Visite des casernes.

QUAND la troupe devra être établie dans des casernes, un Officier-major, après en avoir fait la visite comme il sera marqué ci-après, ira avec des Cavaliers, Dragons ou Soldats de chaque compagnie, chez l'entrepreneur, pour se faire délivrer les fournitures de lit & ustensiles nécessaires, dont il lui donnera son reçu; & il en retirera une décharge, lorsqu'elles lui seront rapportées pour être rendues ou échangées.

L I.

SI elles ne se trouvent pas alors dans le même état qu'elles auront été délivrées, le régiment les fera réparer ou en payera le dégât, ainsi que de celles qui pourroient avoir été perdues.

L I I.

Usage des fournitures.

ON ne pourra se servir de ces fournitures, que dans les chambrées & quartiers assignés aux troupes, & pour le seul usage des hommes servant à leurs compagnies.

L I I I.

Clefs du quartier.

LES clefs du quartier, lorsqu'on pourra le fermer, seront remises à l'Officier, Sergent ou Maréchal-des-logis qui y

sera

sera établi de garde, dans le même instant de l'arrivée de la troupe.

L I V.

LORSQU'UNE troupe devra être logée chez le bourgeois, les Maire & Echevins étant avertis à l'avance, se trouveront à l'Hôtel de ville pour procéder en toute diligence à la répartition du logement, en conformité de la route qui leur sera représentée par un Officier-major de la troupe, ou autre Officier chargé de ce détail.

Assiette du logement.

L V.

LESDITS Officiers de ville feront le logement de la troupe avec le Commissaire des guerres qui en aura la police, en présence d'un Officier du corps; & si le Commissaire est absent, ils lui remettront à son retour un contrôle du logement, signé d'eux.

L V I.

LES Officiers des troupes qui assisteront au logement, ne pourront s'ingérer en aucune manière de l'assiette dudit logement.

L V I I.

IL sera donné, autant qu'il sera possible, à chaque Capitaine une chambre avec un lit, & une autre chambre avec un lit pour son valet; & aux Officiers subalternes, une chambre à deux lits pour deux, & un endroit avec un lit pour leurs valets.

L V I I I.

IL leur sera de plus fourni des écuries pour le nombre effectif des chevaux qu'ils auront, bien entendu que ce nombre n'excédera pas celui des places de fourrage qui leur sont fournies par étape.

L I X.

A l'égard des Colonels, Lieutenans-colonels & Commandans de bataillon, il leur sera fourni des logemens convenables à leur qualité, & dans lesquels ils puissent faire Ordinaire.

L X.

N'ENTEND néanmoins Sa Majesté qu'en aucun cas

Chambre des hôtes.

D

les hôtes puiffent être délogés de la chambre où ils auront coûtume de coucher.

L X I.

Billets de logement.

LES billets de logement contiendront la qualité & le nombre de ceux qui devront être logés en chaque maifon, & feront fignés d'un Officier municipal.

L X I I.

LES Officiers municipaux obferveront d'expédier lefdits billets, de manière que tous ceux d'une même compagnie foient logés de proche en proche dans un même quartier, afin que les Maréchaux - des - logis & Sergens foient à portée de veiller & remédier promptement aux défordres qui pourroient arriver.

L X I I I.

LES billets étant expédiés, l'Officier-major, ou autre du régiment à qui ils feront remis, diftribuera aux Officiers fupérieurs ceux qui feront pour eux ; à l'égard de ceux des Capitaines & des Lieutenans, il les remettra au Capitaine & au Lieutenant qui feront venus au logement avec lui, pour être tirés au fort, ceux des Capitaines entre les Capitaines, & ceux des Lieutenans entre les Lieutenans ; & il remplira à mefure le contrôle defdits logemens, des noms de ceux auxquels ils feront échûs.

L X I V.

Contrôle du logement.

QUANT aux billets des Soldats, Cavaliers ou Dragons, qui auront été mis par paquets féparés pour chaque compagnie, les Capitaines auxquels ils feront remis, auront attention en les diftribuant, de remplir fur le contrôle de leur compagnie, le nom des hôtes chez lefquels leurs Soldats, Cavaliers ou Dragons devront loger ; & ils remettront lefdits contrôles au Major du régiment, pour en former un contrôle général, dont il donnera un double au Maire ou principal Officier de ville.

L X V.

LES Officiers diftribuant les billets à leurs Soldats, Cavaliers ou Dragons, leur rappelleront les peines portées par les ordonnances, contre ceux qui voleroient les

meubles ou uſtenſiles des maiſons où ils feront logés, ou
qui exigeroient quelque choſe que ce fût de leur hôte
au delà d'un lit garni de linceuls, d'une place à leur feu
& à leur chandelle.

L X V I.

LES Officiers qui ſe logeront ſans billet des Officiers *Logement*
municipaux ou des Commiſſaires des guerres, feront mis *fans billet.*
en priſon, & il en fera rendu compte au Secrétaire d'état
ayant le département de la guerre.

Les Soldats, Cavaliers ou Dragons, qu'on trouvera établis en d'autres logemens que ceux qui leur feront échûs,
feront arrêtés & mis en priſon, pour être punis ſuivant
l'exigence du cas.

L X V I I.

LES Officiers qui inſulteront les officiers des villes où *Officiers*
ils feront en garniſon, feront mis en priſon, & il en fera *municipaux*
rendu compte au Secrétaire d'état ayant le département *inſultés.*
de la guerre.

A l'égard des Soldats, Cavaliers & Dragons qui tom-
beront dans le même cas, ils feront arrêtés & remis aux
juges deſdits lieux, pour être par eux jugés ſuivant que
le cas le requerra.

L X V I I I.

LORSQU'IL arrivera des Officiers à la garniſon, qui *Nouveaux arrivés.*
n'auront pas été préſens à la troupe lors de l'aſſiette du
logement, les officiers de ville leur donneront de nouveaux
billets, & ils en uſeront de même pour les Soldats, ſur les
certificats que le Commiſſaire donnera de leur arrivée.

L X I X.

LES logemens feront répartis alternativement & avec *Répartition*
égalité, ſur tous les habitans qui y ſont ſujets, en ſorte *des logemens.*
qu'aucun ne puiſſe loger deux fois avant que tous les
autres aient logé une fois.

L X X.

LORSQUE les logemens feront une fois aſſis, ils ne *Changement des*
pourront être changés que par l'ordre de l'Intendant de *logemens aſſis.*
la province, ou par celui des Commiſſaires des guerres,

avec l'avis des officiers de ville; desquels changemens le Commissaire signera les billets conjointement avec eux, faute de quoi il n'y sera pas déféré.

L X X I.

S'il arrivoit que les officiers de ville surchargeassent de logement quelques habitans, pour en exempter d'autres qui devroient y être sujets, le Commissaire des guerres pourra obliger les officiers municipaux à lui représenter les rôles desdits habitans, & expédier seul ses billets pour faire déloger & loger ceux qu'il conviendra, sans que personne puisse se dispenser de se conformer auxdits billets, à peine de désobéissance.

L X X I I.

Sa Majesté autorise pareillement les Commissaires des guerres, à faire loger les gens de guerre chez les officiers de ville, de justice & autres exempts, qui, par connivence ou autrement, souffriroient qu'il fût commis quelqu'abus au fait des logemens, après en avoir reçû plaintes.

L X X I I I.

Exempts de logement.

Seront exempts du logement des gens de guerre, & de toute contribution à icelui, les Ecclésiastiques étant actuellement dans les Ordres, ou pourvûs de bénéfices qui exigent résidence dans le lieu.

L X X I V.

Les Officiers étant actuellement dans le service militaire, ou qui s'en sont retirés après avoir obtenu la Croix de l'Ordre militaire de Saint Louis, ou une pension de Sa Majesté.

L X X V.

Les Officiers commensaux des Maisons royales, chargés d'un service annuel dans lesdites maisons, sans que ceux qui n'auront qu'un titre de charge, & ne rempliront aucun service, puissent prétendre ladite exemption.

L X X V I.

Les Conseillers Secrétaires de Sa Majesté, Maison, Couronne de France, & de ses finances; ensemble les
Audienciers,

Audienciers, Contrôleurs, & autres Officiers de la grande Chancellerie.

L X X V I I.

LES Préfidens, Confeillers, Gens de Sa Majefté, & autres Officiers des Parlemens, Chambres des Comptes, Cours des Aides, & autres Cours ou Confeils fupérieurs.

L X X V I I I.

LES Préfidens, & Tréforiers généraux de France, aux bureaux des finances des généralités du royaume.

L X X I X.

LES Préfidens, Lieutenans généraux, particuliers, civils & criminels, du principal fiège de chaque lieu, enfemble les Gens de Sa Majefté auxdits fièges ; fans que les chefs & officiers des autres juftices établies dans le même lieu, puiffent participer à la même exemption.

L X X X.

LES grands Maîtres, & Maîtres particuliers des eaux & forêts.

L X X X I.

TOUS les Officiers, & Cavaliers des compagnies de Maréchauffée.

L X X X I I.

LES Maires, Mayeurs, Bourg-meftres, Echevins, Confuls, Jurats, ou Syndics des villes & communautés, pour le temps de leur adminiftration feulement; ces exemptions ne pouvant être prétendues au delà, fous tel prétexte que ce foit.

L X X X I I I.

LES Tréforiers, & Receveurs généraux ou particuliers, ayant le maniement actuel des deniers de Sa Majefté.

L X X X I V.

LES commis des Fermiers des domaines, gabelles, aides, traites foraines, douanes domaniales, & autres fermes de Sa Majefté.

L X X X V.

LES Changeurs.

E

L X X X V I.

LES étapiers, non feulement pour les maifons où ils demeureront, mais encore pour celles où feront leurs magafins fervant à la fourniture defdites étapes.

L X X X V I I.

LES commis chargés de la fourniture des lits dans les garnifons.

L X X X V I I I.

LES directeurs des bureaux des lettres, les maîtres de pofte établis par brevets de Sa Majefté, ainfi que les courriers ordinaires employés par les fermiers des poftes.

L X X X I X.

LES veuves des Gentilshommes, Officiers des troupes, ou autres ayant des charges qui leur procuroient ladite exemption pendant leur vie, continueront d'en jouir durant leur viduité.

X C.

LES privilégiés ne jouiront de leurs exemptions que pour les maifons, ou parties d'icelles, qu'ils occuperont perfonnellement, fans que les particuliers non exempts, qui pourroient les louer en tout ou en partie, puiffent participer, fous tel prétexte que ce foit, à ladite exemption.

X C I.

ENTEND Sa Majefté, que ceux qui étant exempts par leur état, leurs charges, ou emplois, feront commerce à boutique ouverte, ou tiendront cabaret, foient déchûs de leur exemption, & qu'ils foient affujétis au logement, comme marchands ou cabaretiers, pendant tout le temps qu'ils feront ledit commerce.

X C I I.

Cas de foule. EN cas de foule, le logement doit être fait indifféremment chez les exempts & non exempts, en fuivant néanmoins l'ordre des privilèges; de manière que les Eccléfiaftiques foient logés tous les derniers.

X C I I I.

Difcuffions jugées par les Intendans. SI quelques autres perfonnes que celles ci-deffus nommées, prétendent jouir de l'exemption du logement des

gens de guerre, foit par conceffion particulière ou autrement, elles fe pourvoiront par-devant l'Intendant de
la province, qui décidera de la validité de leurs titres,
& connoîtra fupérieurement & privativement à tous autres,
des détails des logemens; & ce qui fera par lui ordonné,
fera exécuté par provifion, fauf à ceux qui fe croiront
léfés par leurs ordonnances, à adreffer leurs repréfentations
au Secrétaire d'état ayant le département de la guerre,
pour en rendre compte à Sa Majefté, & y être par Elle
pourvû.

DE L'ORDRE A OBSERVER
pour commander les gardes & détachemens.

XCIV.

ON obfervera trois tours de garde dans les places : le *Tours de gardes*
premier pour la garde de la place, qui fe relève journel-
lement; le fecond pour la garde des poftes extérieurs, qui
ne fe relève qu'après un certain nombre de jours; & le
troifième pour les détachemens & les efcortes.

XCV.

CES différens fervices fe feront par tous les bataillons *E'galité*
& compagnies des régimens françois & étrangers qui *de fervice.*
compoferont la garnifon, de manière qu'ils y fourniffent
tous également & alternativement felon leur rang.

XCVI.

ILS commenceront toûjours, pour les Officiers, par la *Rang pour*
tête du bataillon, & recommenceront de même à chaque *commander les*
changement de garnifon, fans que, fous tel prétexte que *Officiers.*
ce foit, on puiffe les commencer par les Officiers de la
queue.

XCVII.

LES Capitaines du même corps feront commandés
par ancienneté, & les Officiers fubalternes par le rang
des compagnies auxquelles ils feront attachés.

XCVIII.

AUCUN Capitaine ne pourra être commandé une

feconde fois pour le même tour de garde, qu'après que tous les Capitaines de la garnifon l'auront été chacun une fois, & il en fera ufé de même pour les Lieutenans.

X C I X.

LES Officiers du plus ancien régiment de la garnifon, ne pourront prétendre devoir être commandés tout de fuite, pour aucun tour de garde, avant ceux des corps moins anciens; & ils feront tenus de fe conformer à l'ordre établi pour faire fervir fucceffivement un Officier de chaque corps de la garnifon.

C.

Officiers réformés.

LES Officiers réformés à la fuite des corps, feront commandés après les Officiers en pied; & les Officiers réformés entretenus dans les places, après les Officiers en pied & réformés de la garnifon.

C I.

Officiers de femeftre, préfens.

LES Officiers qui fe trouveront à la garnifon pendant le temps qu'ils pourroient être abfens par femeftre ou par congé, ne feront pas moins tenus de faire les fonctions de leur charge, que tous les autres Officiers.

C I I.

Détachement fait.

LES Officiers qui feront commandés pour aller en détachement, feront cenfés l'avoir fait après avoir paffé la dernière barrière.

C I I I.

Tours de garde point changés.

ILS ne pourront changer entr'eux leurs tours de garde, ou de détachement.

C I V.

Tour des abfens, paffé.

CEUX qui fe feront trouvés abfens lorfqu'ils auront dû marcher, ne reprendront point leur tour.

C V.

Officiers incommodés.

LES Officiers commandés qui fe trouveront incommodés, en feront avertir le Major de la place, & celui du régiment, pour qu'il en foit commandé d'autres à leur place.

C V I.

Différens fervices arrivant enfemble.

S'IL arrivoit qu'un Officier fût commandé en même
temps

temps à différens tours de garde, il marchera de préférence avec le détachement qui devra marcher le premier,
& l'autre tour fera cenfé paffé pour lui.

C V I I.

LES Capitaines rouleront, s'il eft néceffaire, avec les
Officiers fubalternes, pour les gardes qu'ils auront à faire;
de manière que les Capitaines relèvent les Lieutenans &
les Enfeignes, lefquels pourront relever pareillement les
Capitaines.

C V I I I.

SERONT exempts de tous tours de garde, les Lieutenant-
colonels, les Commandans de bataillon, & les Capitaines,
qui, au défaut des Officiers-majors des places, s'y trouveront commander, ou qui, en l'abfence des Officiers fupérieurs des corps, commanderont par accident, un ou plufieurs bataillons dont les compagnies feront réunies:

Cette exemption ne pouvant être prétendue par·les
Capitaines qui commanderont des bataillons, dont les
compagnies feront difperfées.

C I X.

SERONT pareillement exempts de tous tours de garde,
les Capitaines du régiment des Gardes-françoifes, & de
celui des Gardes-fuiffes, lorfqu'ils fe trouveront en garnifon dans les places.

C X.

LES Officiers & Soldats des compagnies de Grenadiers,
monteront la garde dans les places où ils feront en garnifon; & leurs efcouades feront mêlées avec celles des
compagnies ordinaires, à moins que les Commandans des
places ne trouvent plus à propos de les faire fervir fé-
parément.

C X I.

INDÉPENDAMMENT du fervice de la garde des places,
les Grenadiers feront tous les détachemens pour lefquels
ils feront commandés, tant en dedans qu'au dehors defdites places.

E

C X I I.

LES Commandans des places, règleront le service qu'ils y feront faire aux Grenadiers, pour la garde d'icelles, par proportion des autres services qu'ils exigeront d'eux.

C X I I I.

Royal-Artillerie. LES bataillons du régiment Royal - Artillerie, se trouvant seuls dans les places, ou avec d'autres troupes, y feront le service comme toute l'Infanterie ; avec cette différence cependant, qu'un bataillon de ce régiment ne sera compté que pour un demi-bataillon, attendu que Sa Majesté a bien voulu dispenser les Capitaines en pied, & les Canonniers, Bombardiers & Sappeurs, de monter la garde, si ce n'est qu'il y eut nécessité; auquel cas ils exécuteront sur cela les ordres du Commandant de la place.

C X I V.

Mineurs & Ouvriers. LES Officiers & Soldats des compagnies de Mineurs & d'Ouvriers, seront aussi dispensés·de monter la garde hors les cas de nécessité.

C X V.

Suisses. LES Capitaines qui commanderont un bataillon d'un régiment Suisse, ou autre régiment étranger, seront exempts de monter la garde, comme les Commandans de bataillon des régimens françois.

C X V I.

LES Capitaines des compagnies franches, Suisses, monteront la garde à leur tour, comme les autres Capitaines en pied.

C X V I I.

LES Capitaines - Lieutenans des compagnies Suisses, tiendront rang de Capitaine, & rouleront pour le service avec les Capitaines en pied desdites troupes, ainsi qu'avec ceux de l'Infanterie françoise ; mais ils ne seront jamais commandés qu'après tous les Capitaines ayant commission.

D E L A G A R D E.

C X V I I I.

Renouvellée tous les jours. LA Garde sera faite jour & nuit dans les places de guerre, & relevée toutes les vingt-quatre heures.

C X I X.

ELLE fera au plus, du tiers, & jamais de moins que *Sa force.* de la cinquième partie de l'Infanterie de la garnifon, en comptant les bataillons fur le pied des hommes préfens à leur troupe.

C X X.

PERMET néanmoins Sa Majefté, aux Commandans des *Sa diminution.* places, d'en diminuer encore le nombre, lorfque le cas le requerra, à condition d'en donner avis au Commandant de la province, en l'informant des motifs de cette di- minution.

C X X I.

LE nombre des Soldats de chaque pofte fera réglé, *Durée* autant qu'il fera poffible, de manière que chaque faction- *des factions.* naire qu'il aura à fournir, n'ait pas moins de quatre heures, ni plus de fix heures de faction, pendant les vingt-quatre heures qu'il fera de garde.

C X X I I.

ON battra la garde, l'hiver comme l'été, à huit heures *Heure de monter* du matin ; & on s'arrangera de façon que les détachemens *la garde.* qui la compoferont, défilent à onze heures précifes pour aller occuper les poftes où ils devront fe rendre.

C X X I I I.

TOUS les Tambours partiront enfemble de la place *Affemblée.* d'armes, & iront en battant l'affemblée, chacun au quartier de fon régiment.

C X X I V.

LES Capitaines & autres Officiers qui devront monter *Nomination* la garde, feront nommés la veille, à l'Ordre, par le Major *des Officiers* de la place. *de garde.*

C X X V.

ILS fe rendront en perfonne à neuf heures du matin, *Tirer les poftes.* au lieu deftiné pour tirer les poftes ; & à l'égard des Sergens, Caporaux, & Anfpeffades faifant le fervice de Caporaux, qui devront commander des poftes ou des efcouades, ils s'y trouveront dès fept heures, pour les tirer au fort en préfence d'un Officier-major de la place.

C X X V I.

AUCUNE efcouade ne pourra prétendre d'autre pofte que celui qui lui fera échû par le fort, de quelqu'ancienneté que foit le corps dont elle aura été détachée, ou quelque commandement que pût avoir fur les autres, l'Officier qui la commandera.

C X X V I I.

LE Major de la place tiendra un regiftre par colonnes, deftiné à être rempli des noms des poftes, & de ceux des Officiers, Sergens & Caporaux qui devront les commander.

C X X V I I I.

IL fera fait autant de billets qu'il y aura d'Officiers, de Sergens, & d'efcouades commandés, fur lefquels les noms des poftes feront écrits; ceux des Capitaines feront mis à part dans un chapeau, qui leur fera préfenté par le moins ancien Capitaine du moins ancien régiment de la garnifon, en commençant par le premier du plus ancien régiment.

Il en fera ufé de même pour les Lieutenans, pour les Sergens, & pour les Caporaux; & à mefure que l'on tirera chaque billet, il fera infcrit fur le regiftre du Major.

C X X I X.

DANS les places où il y aura plufieurs régimens en garnifon, le Major, en faifant tirer les efcouades au fort, aura attention à ce qu'il n'y ait pas plufieurs efcouades d'un même régiment, dans un même pofte.

C X X X.

Première infpec-tion, & formation des efcouades.

LES Majors & Aide-majors des régimens, & les Lieu-tenans qui ne feront point commandés pour d'autre fervice, fe rendront au quartier avant neuf heures, pour y vifiter fi les Soldats de leur compagnie feront de tout point comme ils doivent être, fur-tout examiner les armes des Soldats commandés; voir fi elles font en bon état, & tenir la main à ce que leurs fufils foient chargés, & leurs car-touches garnies de poudre & de balles fuffifamment pour tirer au moins trois coups.

C X X X I.

LE Soldat dont les armes ne feront point en état, ou

qui

qui ayant reçû les quantités de poudre & de balles ordonnées, ne fe trouvera pas les avoir fur lui, fera mis en
prifon pendant un mois.

C X X X I I.

LE Major ou l'Aide-major de chaque régiment, fera
divifer par efcouades, dans le quartier, le détachement que
chaque bataillon fournira pour la garde; il les conduira
enfuite au lieu ordonné pour le rendez-vous général des
détachemens, & ne les quittera que lorfque la garde fera
montée.

C X X X I I I.

S'IL n'y a pas dans le quartier, de place propre à cet
arrangement, ou fi les Soldats font logés chez les bourgeois,
alors les Sergens, Caporaux, Anfpeffades & Soldats commandés, fe rendront au lieu ordonné pour le rendez-vous
général des détachemens, où les Majors des régimens &
les Officiers fubalternes en feront l'infpection, & les formeront en efcouades.

C X X X I V.

LES efcouades feront compofées, autant qu'il fe pourra,
de dix hommes, y compris un Caporal ou un Anfpeffade;
& pour former les efcouades, on commencera par prendre
les hommes fournis par la compagnie à laquelle lefdits
Caporaux ou Anfpeffades feront attachés; & s'ils ne fuffifent
pas pour la mettre audit nombre, les Soldats détachés des
compagnies qui n'auront fourni ni Caporaux ni Anfpeffades, feront répartis également dans lefdites efcouades pour
les rendre complétes.

C X X X V.

LORSQUE les efcouades feront formées, chaque
Caporal prendra connoiffance des Soldats dont fon efcouade fera compofée, de leur nom & de leur compagnie, pour être en état, lorfqu'il fera arrivé au corps-
de-garde, de voir s'il ne lui manque perfonne, & de
connoître ceux qui ne rempliront pas leur devoir.

C X X X V I.

TOUS les Tambours des régimens accompagneront, *Affemblée
des gardes.*

en battant, les détachemens de leur régiment commandés pour la garde, & ne se retireront que lorsqu'elle aura défilé de dessus la place d'armes.

C X X X V I I.

IL sera mis des inscriptions sur le mur, dans le lieu désigné pour l'assemblée des escouades, afin d'indiquer l'endroit où chacune devra se tenir.

C X X X V I I I.

LES Sergens & Caporaux, après avoir tiré leur poste, se rendront au quartier de leur régiment, pour y joindre les détachemens qui devront monter la garde.

C X X X I X.

LES Officiers commandés pour la garde, se rendront au lieu indiqué pour l'assemblée des gardes, après avoir tiré les postes.

C X L.

LES Officiers-majors de la place, s'y trouveront pareillement, & indiqueront auxdits Officiers & Sergens, les escouades que chacun d'eux aura à conduire dans les postes où ils devront commander.

C X L I.

LES détachemens fournis par les régimens, étant arrivés au rendez-vous, y seront mis en bataille, le dos tourné au côté où seront mises les inscriptions; l'inspection leur y sera faite par les Officiers de l'Etat-major de la place, qui examineront s'ils sont en état, & s'il y a pour chaque poste, les escouades commandées.

C X L I I.

UN desdits Officiers-majors leur fera faire ensuite demi-tour à droite, & présenter le fusil; & chaque escouade ira poser son fusil au dessous du nom du poste dont elle devra être.

C X L I I I.

LES escouades étant ainsi rangées par les Officiers de l'Etat-major de la place, suivant les postes qui leur seront échûs, & lorsque l'heure approchera pour se rendre sur la place d'armes, le Major de la place ordonnera aux

Tambours d'appeler, & la garde fe formera en bataille ; chaque Officier l'efponton à la main fe mettra à fon pofte.

C X L I V.

Les Tambours battront enfuite aux champs, & le Major conduira la garde en bon ordre, fur la place d'armes. *Marche fur la place d'armes.*

C X L V.

Les Officiers, Sergens & Caporaux fe mettront à la tête des divifions qu'ils devront commander ; & les Sergens des divifions où il y aura des Officiers, fe tiendront fur les aîles de ces divifions.

C X L V I.

Lorsqu'il y aura plufieurs petits poftes, on les joindra les uns aux autres, afin que les divifions foient à peu près égales ; & ils marcheront enfemble, jufqu'à ce qu'après avoir défilé devant le Commandant de la place, ils arrivent dans les endroits où ils auront différens chemins à prendre.

C X L V I I.

Lorsque les gardes marcheront du lieu de leur affemblée à la place d'armes, le Major le fera favoir au Commandant de la place, par un Sergent ; & fi le Commandant étoit Officier général, ce feroit l'Aide-major qui iroit l'avertir.

C X L V I I I.

L'Officier commandant le pofte qui fera fur la place d'armes, lui fera prendre les armes quelque temps avant l'arrivée de la garde.

Il fera débarraffer la place, de tout ce qui pourroit empêcher que la garde ne s'y mît en bataille, & y fît les évolutions néceffaires.

Il fera auffi placer des fentinelles autour du terrein que ladite garde devra occuper, & affez en avant d'elle pour que fon front foit libre, de manière à y pouvoir manœuvrer, & que la populace ne s'y mêle point avec les Officiers.

C X L I X.

Le Commandant de la place, autant qu'il le pourra, *Préfence du Commandant*

& les Commandans, Majors & Capitaines des corps, fe trouveront fur la place d'armes, pour voir arriver & défiler la garde.

C L.

NUL Officier de la garnifon ne fe difpenfera de s'y trouver, s'il n'eft employé ailleurs pour le fervice, ou s'il n'en a obtenu la permiffion du Commandant de fon régiment, & de celui de la place.

C L I.

LES Lieutenans y rendront compte à leur Capitaine, de l'état de leur compagnie qu'ils auront vifitée en allant à l'infpection des gardes; ils informeront en même temps le Commandant du régiment, de ce qu'ils y auront trouvé de contraire à la règle & au bon ordre.

C L I I.

E'tat de la garde & des rondes.

LE Commandant étant arrivé, le Major lui remettra une copie de l'état de la garde, auquel fera joint un état des rondes.

C L I I I.

Exercice avant de monter la garde.

LA garde étant en bataille fur la place d'armes, le Commandant de la place ira dans les rangs, pour voir fi les Soldats font de tout point en état de la monter; après quoi il leur fera faire l'exercice, nommant à fa volonté, l'Officier de la garnifon par qui il jugera à propos de le faire commander.

C L I V.

Départ des gardes.

LORSQUE le Commandant aura ordonné de faire défiler les poftes, le Major de la place fera faire un roulement par les Tambours, qui fervira d'avertiffement; puis il fera donner un coup de baguette, pour faire ferrer les rangs à la pointe de l'épée ; & lorfqu'il faudra les faire défiler, ce fera lui qui leur dira *(Marche)*.

C L V.

A ce commandement les Tambours battront aux champs, & les divifions feront à droite un quart de converfion pour fe mettre en colonne & défiler ; fi le terrein ne permet pas ce mouvement, les divifions défileront

l'une

l'une après l'autre, lorsque le Major leur dira *(Marche)*.

C L V I.

LES Tambours ne cesseront de battre, que lorsque la dernière division aura pris le chemin de son poste.

C L V I I.

LORSQU'IL y aura un Capitaine & un Lieutenant dans une même garde, le Lieutenant prendra la queue en défilant; s'il y a deux Sergens, le premier se placera à la droite du premier rang, & le second à la gauche du dernier; & le Tambour se mettra entre le second & le troisième rangs.

C L V I I I.

Salut des Officiers & Sergens.

LES Officiers, Sergens & Caporaux commandant une garde, mettront le chapeau à la main en partant au commandement, lorsqu'il leur sera fait à chacun en particulier; & ne se couvriront qu'après avoir passé l'endroit où le Commandant, & le Lieutenant de Roy quand même il ne commanderoit pas, les verra défiler.

C L I X.

Ordonnances des postes.

LES nouvelles gardes seront conduites aux postes où elles devront se rendre, par des Soldats d'ordonnance détachés des anciennes gardes de ces postes; lesquels Soldats d'ordonnance se trouveront sur la place d'armes, à l'heure que la nouvelle garde y arrivera.

C L X.

UN Officier-Major de la place, aura soin de placer ces ordonnances sur une même ligne, quinze ou vingt pas en avant de la garde, vis-à-vis du détachement qu'elles devront conduire; lorsque la garde se rompra, ces ordonnances marcheront chacune quatre pas en avant du détachement qu'elle conduira.

C L X I.

LES Commandans des petits postes détachés des postes plus considérables, envoyeront leurs ordonnances au poste principal dont ils seront.

C L X I I.

Arrivée des gardes à leur poste.

LORSQUE les escouades de la nouvelle garde arriveront

aux postes qui leur seront échûs, les Officiers & Sergens qui commanderont l'ancienne garde, feront prendre les armes à leurs Soldats.

C L X I I I.

LES gardes de huit hommes, & au dessous, se mettront en haie; celles depuis huit jusqu'à douze, se mettront sur deux rangs; celles depuis douze jusqu'à vingt-quatre, sur trois rangs; & les plus fortes, sur quatre rangs.

C L X I V.

TOUTES les fois que les gardes auront à prendre les armes, ou à se montrer hors du corps-de-garde, elles se rangeront toûjours dans le même ordre, à moins que le terrein ne leur permît pas de doubler les rangs, auquel cas elles s'étendront autant qu'il sera nécessaire.

C L X V.

LORSQUE les gardes seront sur plusieurs rangs, la nouvelle garde prendra la place le plus près du corps-de-garde; & pour cet effet, l'ancienne se rangera à quelque distance du même côté, afin de lui laisser la place nécessaire.

C L X V I.

SI les gardes doivent être en haie, l'ancienne se placera en avant du corps-de-garde, & y faisant face, à quelque distance, pour laisser la place à la nouvelle, de se former entre l'ancienne garde & ledit corps-de-garde.

C L X V I I.

Consigne de l'ancienne garde à la nouvelle.

LORSQUE les deux gardes seront vis-à-vis, ou l'une à côté de l'autre, les Officiers & Sergens donneront la consigne à ceux qui les releveront.

C L X V I I I.

Visite des corps-de-gardes, & sentinelles relevées.

L'OFFICIER de la garde montante, ordonnera ensuite au Caporal de consigne, d'aller prendre possession du corps-de-garde; & au Caporal qui devra faire la première pose, d'aller poser les nouvelles sentinelles.

C L X I X.

Caporal de consigne.

DANS les postes où il montera plus d'une escouade, le Caporal de consigne fera le Caporal de la plus ancienne compagnie du plus ancien régiment dont feront lefdites efcouades:

Dans les poftes où il ne montera qu'une efcouade, le Caporal de cette efcouade fera en même temps Caporal de configne:

C L X X.

Le Caporal de configne de la garde montante, vifi-tera avec celui de la garde defcendante, les corps-de-gardes, bancs, tables, vitres, falots, guérites, & toutes les autres chofes confignées, pour voir fi elles font en bon état, ou s'il y aura été commis des dégradations; auquel cas il en fera rendu compte au Major de la place, qui en avertira le Commandant, pour faire réparer lefdites dé-gradations aux dépens des Officiers, Sergens & Caporaux de la garde relevée.

C L X X I.

Les Caporaux de configne répondront des dégrada-tions faites aux remparts, guérites, paliffades, & autres chofes qui leur feront confignées.

C L X X I I.

Ils feront relever, & arrêteront les fentinelles qui au-ront fouffert qu'on fît quelques dégradations ou ordures aux environs de leur pofte, & en avertiront fur le champ leur Officier, qui fera tenu d'en informer le Major de la place.

C L X X I I I.

Ils feront auffi chargés d'envoyer chercher par des Soldats de la garde, les différentes chofes qui doivent être fournies dans les corps-de-gardes; les Soldats tireront en-tr'eux ceux qui devront faire les corvées.

C L X X I V.

Les Caporaux de la même garde partageront entr'eux le temps de leur garde, en forte qu'ils aient, ainfi que les Fufiliers, également d'heures de faction à faire, foit de jour, foit de nuit; & lorfque ce partage ne pourra fe faire exactement, le fort en décidera.

H ij

C L X X V.

LE Caporal qui fera chargé de pofer les fentinelles, s'appellera Caporal de pofe pendant le temps qu'il fera en cette fonction :

Il prendra la configne de celui qui aura fait la pofe précédente, & ils iront enfemble relever les anciennes fentinelles, & pofer les nouvelles.

C L X X V I.

UN Caporal commandant un petit pofte féparé, pourra fe faire aider pour pofer & relever fes fentinelles, par le plus ancien Fufilier de fon efcouade, qu'il exemptera de faction.

C L X X V I I.

LES fentinelles de la première pofe feront fournies par la première efcouade du pofte.

C L X X V I I I.

Affiche des confignes.

LES confignes générales & particulières feront affichées dans tous les corps-de-gardes, afin que les Officiers, Sergens & Caporaux foient inftruits de ce qu'ils auront à faire.

Si quelqu'un déchire ces confignes, il fera mis pour quinze jours en prifon.

C L X X I X.

LES deux gardes refteront fous les armes, fans envoyer relever les fentinelles, jufqu'après le paffage des autres gardes qui devront aller relever des poftes plus avancés dans les dehors.

C L X X X.

Defcente de la garde.

APRÈS que la vifite des corps-de-gardes aura été faite, & que les Caporaux de l'ancienne garde l'auront rejoint avec les fentinelles relevées, les Tambours des deux gardes battront aux champs :

L'ancienne garde défilera devant la nouvelle, fi elles font en haie, fe formera enfuite, & ira fe mettre en bataille fur la place d'armes, pour y defcendre la garde.

Si les gardes font fur plufieurs rangs, l'ancienne garde marchera ainfi qu'elle fera formée.

CLXXXI.

C L X X X I.

LES Sergens & Caporaux qui auront été détachés d'une garde, la rejoindront lorfqu'ils auront été relevés par un nouveau détachement.

A leur retour ils rendront compte à l'Officier commandant ladite garde, & lui feront voir leurs Soldats; & ledit Commandant ne retournera point fur la place d'armes, que tout ce qui a été détaché de fa garde, n'y foit rentré, & n'y ait repris fon rang.

C L X X X I I.

LES troupes, tant en allant de la place d'armes à leurs poftes, qu'en revenant de leurs poftes à la place d'armes, marcheront, autant que la largeur des rues le permettra, dans le même ordre qu'elles auront défilé à la parade.

C L X X X I I I.

IL y aura fur la place d'armes, un Officier-major de la place, pour vérifier, à l'arrivée des détachemens de la garde defcendante, s'il s'y trouvera le même nombre d'hommes qui aura monté la garde; & s'il en manquoit quelqu'un, il aura foin de le faire mettre en prifon :

Les Officiers defcendant de la garde, informeront alors l'Officier-major, des Soldats qui auront manqué à leur devoir; & s'ils manquent à les dénoncer, ils feront mis aux arrêts pour quinze jours.

C L X X X I V.

ILS feront enfuite porter à leurs Soldats, le fufil la croffe haute, & les renvoyeront à leurs quartiers, fans que les différens poftes foient affujettis à s'attendre les uns les autres.

Renvoi de l'ancienne garde à fes quartiers.

C L X X X V.

LES Officiers ne pourront quitter leur détachement avant qu'ils foient arrivés dans le lieu indiqué pour la defcente de la garde, d'où les Sergens & Caporaux ramèneront en bon ordre à leurs quartiers, les efcouades de leur régiment, tant celles qui feront entières, que les Soldats des efcouades brifées, qui s'incorporeront fur la place d'armes dans les autres efcouades de leurs régimens.

I

C L X X X X V I.

LES Sergens & Caporaux commandant de petits postes, qui ne seront point détachés de postes plus considérables, observeront les mêmes choses prescrites ci-dessus pour les Officiers.

C L X X X X V I I.

Décharge des armes.

LORSQU'APRÈS avoir descendu la garde, les Soldats rentreront dans leurs casernes ou quartiers, les Sergens leur feront décharger leurs armes avec des tire-bourres, tant pour conserver les munitions, que pour prévenir les désordres.

C L X X X X V I I I.

Obligations des Officiers de garde.

LES Officiers de garde seront obligés de coucher au corps-de-garde, & d'y faire leurs repas, sans pouvoir s'en absenter, sous tel prétexte que ce soit :

Ils ne quitteront point leur épée ni leur hausse-col, pendant tout le temps qu'ils seront de garde :

Il n'y aura dans leur corps-de-garde qu'un fauteuil de cuir, & une table de bois, sans qu'il soit jamais permis d'y faire porter d'autre meuble.

C L X X X I X.

Poste quitté ou changé.

TOUT Officier, Sergent, Caporal ou Anspessade, qui, étant de garde, quittera son poste avant d'être relevé, à moins d'un ordre par écrit du Commandant de la place, sera mis en prison pendant un mois.

C X C.

L'OFFICIER de garde qui aura changé le poste qui lui sera échû par le sort, sera relevé & mis en prison, pour être cassé sur le compte qui en sera rendu à Sa Majesté.

C X C I.

LES Soldats, Cavaliers ou Dragons qui quitteront les postes où ils seront de garde, seront mis au cachot pour un mois.

C X C I I.

LES Officiers de garde feront faire l'appel de ceux qui seront sous leurs ordres, toutes les fois qu'on relevera les sentinelles, & même plus souvent s'ils le jugent à propos.

C X C I I I.

NE pourront lesdits Officiers de garde, sous peine d'être mis aux arrêts pendant quinze jours, permettre à aucun Soldat de leur garde, de s'en absenter, lesdits Soldats devant porter avec eux leur manger en la montant, ou se le faire apporter par leurs camarades.

C X C I V.

LES Soldats qui mériteront châtiment pendant leur garde, ne pourront être punis qu'après qu'ils l'auront descendue, à moins d'un cas grave, pour lequel le Commandant du poste pourra les faire arrêter.

Punition du Soldat de garde.

Nul Soldat de garde, pendant le temps qu'il en sera, ne pourra être arrêté sans la participation du Commandant du poste.

C X C V.

IL y aura toûjours d'ordonnance, au corps-de-garde de la place d'armes, un Sergent & un Caporal de chaque régiment d'Infanterie, & un Brigadier avec un Cavalier ou Dragon de chaque régiment de Cavalerie ou de Dragons.

Ordonnance au corps-de-garde de la place d'armes.

C X C V I.

CHAQUE régiment fournira un sentinelle à la porte de la maison où ses drapeaux seront déposés; & pour cet effet il sera commandé quatre hommes par jour, avec un Caporal ou Anspessade, qu'on joindra au poste le plus voisin de ladite maison.

Garde des drapeaux.

C X C V I I.

A l'heure d'assembler les gardes, ces cinq hommes conduits par leur Caporal ou Anspessade, se rendront en droiture, de leur quartier audit poste, à l'heure où les gardes s'assembleront, & ne feront point d'autre service.

C X C V I I I.

LORSQUE les régimens des Gardes-françoises & Suisses se trouveront en garnison dans les places avec d'autres troupes, il leur sera départi par le Commandant de la place, des postes de choix, pour y faire la garde en tel nombre qu'il conviendra, pour qu'ils fassent un service

Gardes-françoises & Suisses.

égal & proportionné à celui des autres troupes de la garnifon.

C X C I X.

CES deux régimens tireront chaque jour au fort, pour
favoir auxquels des poftes affectés à chacun de ces deux
corps, chaque efcouade devra monter. ·

C C.

LORSQUE dans une place où il n'y aura point de
compagnies du régiment des Gardes-françoifes, il s'en
trouvera du régiment des Gardes-fuiffes avec d'autres
troupes, les deux premières compagnies du plus ancien
des régimens françois de la garnifon, prendront la droite fur
lefdites compagnies des Gardes-fuiffes, & feront le fervice
avec elles, comme feroient les compagnies des Gardes-
françoifes.

C C I.

S'IL n'y avoit dans la place qu'une compagnie du
plus ancien corps françois de la garnifon, il y féra joint
une autre compagnie, laquelle fera tirée du fecond régiment ou bataillon françois de la garnifon; & ces deux
compagnies réunies, feront avec celles des Gardes-fuiffes,
le même fervice expliqué ci-deffus.

C C I I.

LES compagnies des régimens françois qui auront
pris des poftes fixes avec celles des Gardes-fuiffes, reprendront, après le départ de celles-ci, l'ordre prefcrit pour
toutes les troupes d'Infanterie.

C C I I I.

Régimens étrangers.   LORSQUE dans un même pofte il fe rencontrera
des efcouades de régimens françois & étrangers, les efcouades du plus ancien régiment françois prendront le
rang fur celles du régiment étranger, quoique plus ancien.

DES SENTINELLES.

C C I V.

Heures de faction.   LA garde fera réglée de manière que chaque Fufilier n'ait
que

que six heures de faction, & même moins s'il est possible.

C C V.

LES sentinelles seront relevées de deux heures en deux heures, de manière que celles du même poste le soient toutes en même temps.

C C V I.

PENDANT les fortes gelées, elles seront relevées d'heure en heure, & le Major en avertira à l'ordre, les jours que cela sera ordonné.

C C V I I.

LES sentinelles qui devront partir d'un poste, se mettront en haie devant le corps-de-garde, un peu avant l'heure fixée pour leur départ. *Pose des Sentinelles.*

C C V I I I.

L'OFFICIER commandant le poste, sera averti par le Caporal de pose ; il sortira de son corps-de-garde, l'esponton à la main, visitera les sentinelles qui devront être mises en faction ; & ne rentrera point qu'il ne les ait vûes se mettre en marche, sous la conduite du Caporal ou de l'Anspessade qui sera de pose.

C C I X.

IL aura soin, avant leur départ, d'ordonner les lieux où chacun d'eux devra être posé ; & au cas que dans le nombre il se trouvât des Soldats de recrue, il examinera s'ils seront assez instruits de leur devoir, pour pouvoir les mettre en faction.

C C X.

TOUS les sentinelles suivront le Caporal ou Anspessade de pose, marchant deux à deux, sans qu'aucun puisse prendre un plus court chemin pour l'aller attendre aux endroits où il sauroit devoir être posé ; il commencera par poser les sentinelles les plus éloignés, & ceux qui seront relevés, le suivront tous de la même manière.

C C X I.

LE Caporal étant arrivé près d'un sentinelle pour le relever, laissera les autres à quelques pas de distance, & s'avancera seul avec le Fusilier qui doit entrer en faction.

K

L'ancien & le nouveau sentinelle se présenteront réciproquement les armes, pour se donner la consigne en présence du Caporal, & ne mettront le fusil sur l'épaule que lorsqu'ils se sépareront.

C C X I I.

Rentrée des Sentinelles relevés.

LORSQUE le Caporal ou Anspessade de pose arrivera au corps-de-garde avec tous les sentinelles relevés, il n'y rentrera point que l'Officier commandant n'en soit sorti pour l'y voir rentrer.

C C X I I I.

Port d'armes des Sentinelles.

LES sentinelles, pendant le jour, auront le fusil sur l'épaule, & pendant la nuit ils le mettront sur le bras gauche, avec la bayonnette au bout du fusil.

C C X I V.

ILS demeureront de cette sorte, de pied ferme & sans faire aucun mouvement, lorsqu'il passera à côté d'eux une troupe ou des Officiers.

C C X V.

LES sentinelles qui seront posés aux magasins à poudre, y feront jour & nuit faction, l'épée à la main.

C C X V I.

Leur attention.

LES sentinelles ne se laisseront approcher de trop près par personne, & ils y auront encore plus d'attention pendant la nuit que pendant le jour; & lorsque cela sera possible, ils feront passer les allans & venans, de l'autre coté des rues où il seront posés.

C C X V I I.

LORSQUE la nuit sera fermée, le sentinelle qui entendra approcher quelqu'un, criera *(Qui va là)* jusqu'à trois fois; & ne laissera passer personne, s'il ne lui est répondu de façon à se faire connoître, & si celui qui voudra passer, ne porte ou fait porter du feu devant lui, ainsi qu'il est ordonné de le faire après la retraite.

C C X V I I I.

Défense de fumer, ni s'asseoir.

LES sentinelles ne pourront, pendant le temps qu'ils seront en faction, ni fumer, ni s'asseoir.

C C X I X.

LES Caporaux allant poser les sentinelles, verront si dans les guérites ou à côté, il n'aura point été mis des pierres pour s'asseoir.

C C X X.

LES sentinelles ne recevront aucune nouvelle consigne, que du Caporal ou Anspessade qui les aura posés, ni ne se laisseront relever que par eux, ou à leur défaut par les Sergens, Caporaux & Anspessades qui seront de service actuel au même poste ; & ce sous peine d'être mis au cachot pendant un mois.

Sentinelles en faute.

C C X X I.

TOUT sentinelle ou vedette qui quittera le poste où il aura été mis en faction, sans avoir été relevé, sera puni suivant la rigueur des ordonnances.

C C X X I I.

SERA puni suivant la rigueur des mêmes ordonnances, tout sentinelle qui sera trouvé endormi, soit de jour soit de nuit.

C C X X I I I.

LORSQU'UN sentinelle ou une vedette aura commis quelque faute qui méritera punition, on le relevera pour le faire châtier suivant l'exigence du cas ; Sa Majesté défend à tout Officier de les frapper pendant leur faction, sous peine d'être cassé.

C C X X I V.

TOUT Soldat, Cavalier ou Dragon qui insultera ou attaquera un sentinelle, sera puni suivant la rigueur des ordonnances.

Sentinelle insulté.

C C X X V.

S'IL arrivoit qu'un bourgeois ou habitant, eut la témérité de frapper ou insulter un sentinelle ou vedette, le Commandant de la place fera mettre en prison ledit bourgeois ou habitant, & en informera Sa Majesté, pour ordonner de sa punition.

C C X X V I.

Première barrière fermée.

LA première barrière de l'avancée de chaque porte, demeurera fermée avec un loquet, ou une barre qui l'affujétiffe.

C C X X V I I.

Sentinelles en dedans.

IL fera pofé deux fentinelles près de cette barrière, & en dedans, dont l'un ne quittera jamais fes armes, & veillera à la fûreté de l'autre, qui fera chargé d'ouvrir & de fermer ladite barrière.

C C X X V I I I.

Entrée d'une troupe.

DÈS que le fentinelle de l'avancée découvrira une troupe, il appellera fon Caporal pour qu'il en avertiffe le Commandant du pofte, qui ne la laiffera point entrer, quand même ce ne feroit qu'une recrue fans armes, qu'après en avoir reçû l'ordre du Commandant de la place, auquel il enverra, fuivant la force de fon pofte, un Sergent ou un Soldat de fa garde, pour l'en informer.

C C X X I X.

SI les troupes qui paroîtront, s'avancent plus près du glacis qu'environ deux cens pas, l'Officier de garde à l'avancée, enverra, pour les reconnoître, un Sergent ou un Caporal, avec deux ou quatre Fufiliers, felon la force de fon pofte ; ils marcheront le fufil fur le bras, la bayonnette au bout.

Dès que le Sergent ou Caporal fera à portée d'être entendu de la troupe venante, il criera *(Qui vive) ;* & quelque réponfe qui lui foit faite, il criera encore *(Halte-là)*. Si après l'avoir répété deux autres fois, la troupe avançoit toûjours, il fera faire feu fur elle par fes Fufiliers, & fe retirera avec eux à fon pofte.

Si au contraire elle s'arrête, & fe fait connoître, il enverra un des Fufiliers qu'il aura avec lui, en rendre compte au Commandant du pofte, & reftera à fa place pour empêcher que cette troupe n'avance plus près, jufqu'à ce qu'il en ait reçû l'ordre.

CCXXX.

C C X X X.

LES régimens, ou autres corps de la garnison, qui seroient sortis pour faire l'exercice, seront reconnus de même à leur retour ; & on ne les laissera rentrer qu'en présence d'un Officier-major de la place, ou sur un ordre par écrit du Commandant.

C C X X X I.

ON ne laissera de même entrer aucune troupe arrivante, dès qu'elle sera de plus de quatre hommes, s'il n'y a un Officier de l'Etat-major de la place qui la voie entrer, ou sans un ordre par écrit du Commandant de la place, quand même elle seroit reconnue pour être de la garnison.

C C X X X I I.

DÈS que le sentinelle aura averti qu'il paroîtra une troupe, l'Officier qui commandera la garde, lui fera prendre les armes, & ne les lui fera quitter que quand la troupe sera passée.

C C X X X I I I.

LES Tambours, Timbales & Trompettes des troupes qui entreront dans une place, battront & sonneront dès la première barrière ; & les Tambours des Gardes, devant lesquelles elles passeront, battront aux champs.

C C X X X·I V.

S'IL se présente aux portes, des Tambours ou Trompettes venant des ennemis, les Officiers de garde aux avancées, leur feront bander les yeux, & les feront conduire de poste en poste au Commandant de la place, sans souffrir qu'ils s'arrêtent nulle part en chemin, ni qu'ils parlent à qui que ce soit. *Des Tambours & Trompettes des ennemis.*

C C X X X V.

LORSQU'IL s'y présentera des déserteurs des troupes des Puissances voisines ou ennemies, on ne souffrira point qu'ils s'arrêtent dans le corps-de-garde, ni nulle part en chemin, ni qu'ils parlent à personne avant d'avoir été menés au Commandant de la place, chez qui ils feront conduits aussi-tôt qu'ils seront arrivés. *Des Déserteurs.*

L

C C X X X V I.

LES Officiers de garde aux portes, ne laisseront entrer aucun Soldat, Cavalier ou Dragon, autre que de la garnison, sans s'être fait représenter leur congé.

C C X X X V I I.

ILS ne laisseront entrer de même aucuns étrangers, sans qu'ils aient été interrogés par le Consigne, & sans les avoir interrogés eux-mêmes, pour savoir d'où ils viennent, où ils vont, & où ils comptent loger.

C C X X X V I I I.

LESDITS étrangers seront ensuite conduits par un Fusilier de l'avancée, à l'Officier de garde à la porte, qui, après les avoir examinés de nouveau, les fera accompagner par un ou deux Fusiliers, qui les conduiront à l'Officier qui sera de garde sur la place d'armes, & ne les quitteront qu'après les lui avoir remis.

C C X X X I X.

L'OFFICIER de garde sur la place, enverra chez le Commandant tous les véritables étrangers venant des terres d'une autre domination, ou y allant.

Quant aux autres, le Commandant de la place pourra, s'il le juge à propos, charger l'Officier de garde sur la place d'armes, de les examiner, & de les laisser passer s'il lui paroît qu'on puisse le faire sans inconvénient.

Sinon il les fera conduire au Commandant de la place, ou les fera rester à son corps-de-garde jusqu'à ce qu'il y passe un Officier de l'Etat-major.

C C X L.

LORSQUE ces étrangers seront des personnes d'une certaine considération, les Consignes des portes enverront sur le champ au Commandant de la place, un billet, par lequel ils lui annonceront leur arrivée & le lieu où ils devront loger : ce billet sera remis par le Consigne à l'Officier ou Sergent qui commandera la garde de l'avancée, & celui-ci le fera passer de poste en poste au Commandant de la place.

C C X L I.

Tous cabaretiers, & autres habitans des places, de quelque qualité & condition qu'ils soient, seront tenus de remettre chaque jour au Commandant de la place, un état des étrangers qui seront arrivés chez eux, sur lequel ils marqueront le temps qu'ils devront rester, au cas qu'ils y séjournent.

C C X L I I.

Il y aura à la porte du Commandant, près du sentinelle, une boîte en forme de tronc, fermant à clef, dans laquelle les consignes apporteront tous les soirs, aussi-tôt que les portes auront été fermées, l'état des étrangers qui seront entrés pendant le jour, sur lequel seront marqués les noms des bourgeois & aubergistes chez lesquels ils auront dit vouloir loger.

C C X L I I I.

Cette boîte sera retirée une heure après la fermeture des portes, & sera ouverte par un Officier-major de la place, qui vérifiera les listes des consignes, & les déclarations des particuliers, & en dressera un état.

C C X L I V.

Lorqu'il se présentera des voitures au dehors, pour *Des Voitures.* entrer dans la place, elles seront visitées par le Consigne de la porte, avec un Caporal & quelques fusiliers, afin d'examiner s'il n'y a rien qui tende à surprise ; comme Soldats cachés, armes, poudre, & autres munitions de guerre.

C C X L V.

Avant de laisser entrer ces voitures, le sentinelle criera *(Arrête);* ce qui sera répété de sentinelle en sentinelle, jusqu'à celui de la porte de la place : ce dernier sentinelle empêchera alors aucune voiture de sortir; & s'il n'y en a point entre les portes, il criera *(Marche),* ce qui sera répété de sentinelle en sentinelle, jusqu'à celui de l'avancée qui fera défiler les voitures de distance en distance, de manière que tous les ponts ne soient point embarrassés en même temps, & que l'on en puisse toûjours lever quelqu'un en cas de besoin.

L ij

C C X L V I.

PENDANT que les voitures du dehors entreront, le sentinelle de la porte fera ranger les voitures qui se présenteront pour sortir, afin qu'elles n'embarrassent point le passage.

Lorsque toutes les voitures arrivantes seront passées, il criera à son tour *(Arrête)*; & cette parole étant arrivée au sentinelle de l'avancée, dès qu'il aura répondu *(Marche)*, celui de la porte laissera partir les voitures qui voudront sortir, avec les mêmes précautions ci-dessus détaillées.

C C X L V I I.

Fermeture des portes. LES Gouverneurs & Commandans des places, prendront leurs mesures, de manière que les portes en soient fermées avant la nuit; & elles ne seront point ouvertes qu'il ne soit jour, à moins d'une grande nécessité.

C C X L V I I I.

UNE heure avant la fermeture des portes, le Tambour de la garde montera sur le parapet, pour y battre la retraite.

C C X L I X.

A la même heure, on sonnera une cloche à ce destinée, pour avertir ceux qui seront sortis de la ville, d'y rentrer; & les gens de la campagne ou autres passagers d'en sortir.

C C L.

UNE demi-heure après, deux Soldats de chacune des gardes des portes, & les portiers, s'il y en a, se rendront chez le Commandant, où se trouvera un Officier-major de la place, pour leur distribuer les clefs.

C C L I.

LES clefs qui doivent être entre les mains du Commandant, seront enfermées chez lui, dans un coffre de bois ferré; celles de chaque porte seront mises dans un sac de cuir, sur lequel le nom de la porte sera écrit; & les autres, telles que celles des poternes & soûterrains, seront toutes étiquetées, de manière qu'elles ne puissent se confondre.

C C L I. I.

IL se trouvera chez le Commandant, un Capitaine des
portes,

portes, ou Officier-major, pour faire faire la diſtribution des clefs auxdits Soldats, & avoir attention que l'on remette à chacun d'eux, celles de la porte dont ils auront été détachés.

C C L I I·I.

Les Soldats commandés de chaque porte, y porteront les clefs auſſi-tôt qu'elles leur auront été remiſes; faiſant marcher entr'eux le portier qui en aura été chargé, ſans ſouffrir qu'il s'arrête en chemin.

C C L I V.

Dans les places où il n'y a point de portiers établis, un de ces deux Soldats ira chez le Commandant, ſans armes; & après qu'il aura reçû le ſac des clefs, il reviendra à ſon corps-de-garde, eſcorté par l'autre Soldat armé.

C C L V.

A la même heure à laquelle on ira chercher les clefs, l'Officier de garde à l'avancée (ou ſi ſon poſte n'eſt pas aſſez conſidérable pour cela, l'Officier de garde à la porte) détachera un Sergent & quatre Fuſiliers pour aller ſe placer à la première barrière, avec ordre d'examiner, encore plus ſoigneuſement que dans le reſte du jour, les perſonnes qui pourroient s'y préſenter.

C C L V I.

Les clefs arrivant aux portes, l'Officier fera prendre les armes à ſa garde, & attendra, pour procéder à la fermeture des portes, l'arrivée du Capitaine des portes, ou d'un Officier-major de la place.

C C L V I I.

Lorsqu'il verra arriver ledit Capitaine des portes, ou Officier-major, il fera faire haut les armes à ſa garde, qui ſe partagera en double haie ſous la voûte, & ſe portera auprès de la porte; il en fera avancer deux Fuſiliers juſques ſur le pont levis.

C C L V I I I.

L'Officier-major ou Capitaine des portes étant arrivé, il lui ſera donné deux Fuſiliers de renfort pour l'eſcorte des clefs, avec leſquels il ſe portera d'abord à la barrière

M

la plus avancée, qu'il fermera à la clef après qu'on aura retiré les sentinelles extérieures.

C C L I X.

IL fermera ensuite successivement, en retournant vers la place, les autres portes & barrières, & fer arelever les ponts levis.

C C L X.

LORSQU'IL passera à portée des Officiers commandant les postes du dehors, il leur donnera le mot que le Commandant de la place lui aura donné pour eux; les Commandans des postes plus éloignés, auront soin de faire trouver sur son chemin, des Sergens ou Caporaux à qui il le donnera, & qui le rapporteront sur le champ aux Commandans des postes dont ils auront été envoyés.

C C L X I.

LE Caporal de consigne éclairera avec son falot celui qui fermera les portes.

Il sera détaché de la garde de la porte ou des avancées, des Soldats avec leurs armes ou sans armes, pour aider aux manœuvres nécessaires, lesquels rentreront avec l'Officier-major.

C C L X I I.

CHACUN des Officiers à qui les portes seront confiées, s'assureront, à mesure qu'on les fermera, que les verroux, serrures & cadenats, seront effectivement bien fermés.

C C L X I I I.

PENDANT tout le temps que durera la fermeture des portes, le Tambour de la garde sera sur le rempart où il battra aux champs.

Si cependant on ouvre les portes pendant la nuit, il ne battra point, ne devant battre depuis la retraite, jusqu'au jour, qu'en cas d'alarme.

C C L X I V.

Renvoi des clefs. LES portes étant fermées, les clefs seront rapportées chez le Commandant de la place, dans le même ordre qu'on les aura été chercher.

C C L X V.

ELLES feront mifes fur une table dans l'antichambre, & gardées par un des Fufiliers qui les aura efcortées, lequel fera relevé par un des Fufiliers qui efcortera les clefs d'une autre porte; & ainfi fucceffivement, jufqu'à ce que toutes les clefs étant arrivées, le Capitaine des portes ou Officier-major chargé de les raffembler, les fera renfermer, après avoir vérifié s'il n'en manque point.

C C L X V I.

S'IL eft befoin d'ouvrir les portes pendant la nuit, elles ne le feront qu'en préfence d'un Officier-major de la place.

Ouverture des portes pendant la nuit.

C C L X V I I.

DÈS que les portes auront été fermées, les Caporaux feront la grande pofe, c'eft-à-dire, celle des fentinelles d'augmentation pour la nuit, dans les poftes qui leur auront été marqués.

Grande Pofe.

Ils les inftruiront avec exactitude de ce qu'ils auront à faire, & vifiteront leurs autres fentinelles pour leur faire répéter leur configne.

C C L X V I I I.

A la pointe du jour, les Tambours de garde aux portes & aux poftes extérieurs, monteront fur le parapet, & y battront la Diane.

Diane.

C C L X I X.

UNE demi-heure avant l'ouverture des portes, on ira chercher les clefs; & en attendant leur arrivée, la garde prendra les armes, & fe placera; le tout comme il a été prefcrit pour la fermeture defdites portes.

Ouverture des portes.

C C L X X.

L'OFFICIER de garde fera auffi monter des Sergens & Caporaux fur le rempart, pour écouter & découvrir s'il ne fe paffera rien dans le dehors de la place.

C C L X X I.

A mefure que l'Officier-major ou Capitaine des portes, ayant avec lui les gens néceffaires pour les ouvrir, & le détachement commandé pour faire la découverte, paffera les ponts levis & barrières pour arriver à la plus avancée, on relevera lefdits ponts levis, & refermera les barrières derrière lui.

C C L X X I I.

LORSQU'IL n'y aura point de garde de nuit dans les ouvrages avancés, l'Officier commandant la garde de la porte, commandera un détachement pour y accompagner le Capitaine des portes.

C C L X X I I I.

Découverte. LE Commandant de la place fera commander à l'ordre, tous les jours, un nombre de Cavaliers ou Dragons à cheval, ou de Grenadiers, tel qu'il le jugera à propos, pour faire la découverte ; & il leur fera prefcrire jufqu'où ils devront aller, & les attentions qu'ils devront avoir.

C C L X X I V.

S'IL n'y a perfonne de commandé pour ce fervice, l'Officier commandant la garde de la porte, fera, pour y fuppléer, paffer avec le Capitaine des portes, un Sergent ou Caporal & quelques Soldats de fa garde, qu'il inftruira de ce qu'ils auront à faire.

C C L X X V.

LE Capitaine des portes étant arrivé à la barrière la plus avancée, l'ouvrira, & la refermera auffi-tôt après que le détachement fera forti.

C C L X X V I.

SI lors de cette première ouverture des portes, il fe préfente des habitans, ou autres perfonnes pour fortir de la place, on ne le leur permettra pas fans un ordre du Commandant de la place, & on les fera retirer en dedans, à trente pas du corps-de-garde.

On obligera de même les payfans ou autres, qui fe préfenteront à la barrière pour entrer, à s'en éloigner à cent pas en dehors, jufqu'à ce que les portes foient entièrement ouvertes.

C C L X X V I I.

LE détachement qui aura fait la découverte, étant de retour à la barrière, celui qui le commandera rendra

compte

compte de ce qu'il aura vû, à l'Officier qui fera à ladite barrière.

Sur fon rapport, après que les hommes & voitures qui attendoient, auront été reconnus, la barrière & les portes, tant de l'avancée que de la place, feront ouvertes, & les ponts baiffés, les gardes reftant en haie & fous les armes, jufqu'à ce que le tout foit entré dans la place; après quoi on refermera la première barrière.

C C L X X V I I I.

LES jours qu'il fera affez de brouillard pour qu'on ne puiffe pas découvrir à un certain éloignement, on n'ouvrira pas les barrières que le brouillard ne foit entièrement diffipé; & une partie de la garde de l'avancée fe tiendra près de la première barrière.

C C L X X I X.

APRÈS que les portes auront été ouvertes, les Caporaux retireront les fentinelles d'augmentation qu'ils auront pofées pendant la nuit.

Sentinelles de nuit, retirées.

C C L X X X.

LES Caporaux de configne porteront chez le Major de la place, les regiftres & les boîtes des rondes & patrouilles.

Regiftres & boîtes de rondes, portés chez le Major.

C C L X X X I.

A leur retour, ils feront nettoyer & balayer les corps-de-gardes, le terrein que les gardes doivent occuper, le deffous des portes, & les ponts, & feront ôter les ordures qui fe trouveront fur les remparts dans l'étendue de leurs poftes; ce travail fera fait par les Soldats de leur garde, qui tireront au fort à cet effet.

Propreté des corps-de-gardes.

C C L X X X I I.

UN Sergent de chaque pofte commandé par un Officier, & un Caporal de chaque pofte commandé par un Sergent, fe rendront chez le Major, après l'ouverture des portes, pour lui rendre compte de ce qui aura pû arriver de nouveau, aux poftes dont ils feront.

Compte de la nuit.

Si le Major le juge à propos, il les renvoyera à leur pofte, ou leur ordonnera d'aller rendre compte au Commandant de la place.

N

CCLXXXIII.

Alarme. EN cas d'alarme, les Officiers de garde aux portes, feront fermer fur le champ les barrières, & lever les ponts de l'avancée, & en donneront avis fans perte de temps, au Commandant de la place, dont ils attendront les ordres, leurs gardes reftant fous les armes.

CCLXXXIV.

Proceffions. LORS des Proceffions, on tiendra les portes fermées pendant tout le temps qu'elles dureront, & jufqu'à ce qu'elles foient rentrées dans l'églife.

DU MOT ET DE L'ORDRE.

CCLXXXV.

Mot pour les poftes extérieurs. APRÈS que la garde fera défilée, le Commandant de la place, avant de fe retirer, donnera au Major le Mot qui, lors de la fermeture des portes, devra être donné aux poftes avancés, lefquels ne pourroient l'envoyer chercher à l'heure que l'ordre fe donnera à la garnifon; il aura attention que ce mot ne foit pas le même que celui qui devra être donné le même jour à l'Ordre.

CCLXXXVI.

Heure de l'Ordre. L'ORDRE fe donnera tous les jours fur la place d'armes, immédiatement après la fermeture des portes; & ne fe pourra jamais donner avant que les portes foient fermées, fous tel prétexte que ce puiffe être.

CCLXXXVII.

Le Major le recevra du Commandant. LE Major de la place ira recevoir l'ordre & le mot du Commandant, & viendra le donner auffi-tôt après fur la place d'armes.

CCLXXXVIII.

Les Majors des régimens, de celui de la place. LES Majors & Aide-majors des régimens d'Infanterie, & un Sergent par compagnie defdits régimens, s'y trouveront pour le recevoir.

CCLXXXIX.

Cercle de l'Infanterie. CHAQUE Sergent allant à l'ordre, mènera avec lui un Caporal de fa compagnie.

C C X C.

Un Sergent avec le Caporal de configne de chacune des gardes du dedans de la place, viendra auffi prendre l'ordre & le mot, au grand cercle fur la place d'armes.

C C X C I.

Si le pofte eft commandé par un Sergent; ce fera le Caporal qui viendra à l'ordre; & s'il eft commandé par un fimple Caporal, ce fera le premier Fufilier.

C C X C I I.

Lorsque le Major voudra donner l'ordre, le Tambour du corps-de-garde de la place, battra à l'ordre.

C C X C I I I.

Alors les Sergens, la hallebarde en main, & ceux des Grenadiers avec leur fufil, formeront un cercle qui commencera par le Sergent de la première compagnie du plus ancien régiment , & fera fermé par le Sergent de la dernière compagnie du régiment le moins ancien.

C C X C I V.

Les Caporaux formeront un cercle , à un grand pas derrière les Sergens; & pendant tout le temps que l'ordre fe donnera, ils auront les armes préfentées au dehors, & empêcheront que perfonne n'approche du cercle.

C C X C V.

Les Tambour-majors des régimens, fe mettront entre les Sergens & les Caporaux.

C C X C V I.

Le Caporal de configne de la garde de la place d'armes, apportera un falot au grand cercle, pour éclairer le Major lorfqu'il donnera l'ordre.

C C X C V I I.

Le Major de la place étant entré dans le cercle avec *Donner l'Ordre.* les Majors des régimens d'Infanterie, commencera par nommer les Officiers qui devront être de garde ou de ronde le lendemain.

Il expliquera enfuite l'ordre pour les détachemens, la garde, les rondes, & les autres détails relatifs au fervice de la place.

C C X C V I I I.

JUSQUES-LA, tous les Officiers & Sergens feront demeurés le chapeau fur la tête.

C C X C I X.

PUIS le Major appellera à l'ordre, ôtera fon chapeau, ainfi que les Officiers & Sergens, & donnera le mot à l'Officier-major du plus ancien régiment, qui le donnera aux autres.

C C C.

Donner le Mot.

LE Major de la place donnera enfuite le mot au premier Sergent du cercle, qui s'avancera pour le recevoir, & qui étant retourné à fa place, le donnera au fecond; celui-ci au troifième, & ainfi de fuite; les Sergens reftant chapeau bas, jufqu'à ce que le dernier Sergent du cercle ait rendu le mot au Major.

C C C I.

DANS les garnifons où il y aura beaucoup de troupes, le premier Sergent, après avoir reçû le mot, le fera paffer par la droite & par la gauche; & les deux Sergens du centre le rapporteront au Major.

C C C I I.

PENDANT que les Sergens fe donneront le mot, les Officiers-majors pafferont le long des Sergens de leurs régimens, pour écouter fi le mot ne fe change point.

C C C I I I.

SI lorfque le mot aura été rendu au Major, il fe trouve qu'il ait été changé, il fera donné une feconde fois dans la même forme; ce qui fera répété autant de fois qu'il fera néceffaire.

C C C I V.

Cercles particuliers.

L'ORDRE étant rendu au Major, il fera rompre le grand cercle de l'Infanterie; & les Sergens de chaque régiment en formeront de féparés, où leur Major leur répétera & expliquera plus en détail ce qui aura été dit au grand cercle: puis il leur rendra les ordres qu'il aura reçûs du Commandant du régiment, fur ce qui concernera la police intérieure du corps.

CCCV.

C C C V.

LES Sergens & Caporaux détachés dés postes, ne s'arrêteront point au petit cercle de leur régiment, & ils iront promptement porter l'ordre aux Commandans de leurs postes, qui le distribueront aux Sergens & Caporaux qui seront de garde avec eux.

Ordre porté aux postes.

C C C V I.

LE Major de la place, après avoir donné le mot sur la place, ira le rendre au Commandant de qui il l'aura reçû, à moins qu'il ne doive faire la ronde-major; auquel cas il lui rendra le mot en lui rendant compte de sa ronde.

Rendu au Commandant par le Major.

C C C V I I.

LORSQUE le Lieutenant de Roi se trouvera Commandant, le Major ne pourra se dispenser d'aller lui rendre le mot tous les jours.

Au Lieutenant de Roy.

C C C V I I I.

IL le lui portera une fois le mois en personne, quand le Gouverneur, ou un Commandant supérieur, se trouvera dans la place ; & les autres jours il le lui enverra par un Aide-major.

C C C I X.

QUAND il y aura un Officier général employé dans une place, le Major ira prendre le mot de lui, & n'en sera pas moins tenu d'aller recevoir l'ordre du Gouverneur, Lieutenant de Roy, ou Commandant de la place.

Officiers généraux employés.

C C C X.

S'IL y avoit plusieurs Officiers généraux employés, le Major de la place iroit recevoir le mot du plus ancien d'entre eux, & l'enverroit aux autres par un Aide-major.

C C C X I.

LES Inspecteurs généraux, qui seront Officiers généraux des troupes, donneront pareillement le mot dans les places, quand ils y seront actuellement dans les fonctions de leur charge.

Inspecteurs.

C C C X I I.

LE Major enverra l'ordre au Commissaire des guerres, à l'Ingénieur en chef, & au Commandant de l'Artillerie,

Commissaires, Ingénieurs, & Commandans de l'Artillerie.

O

par des Sergens de la garnifon, lefquels le leur porteront chacun à leur tour.

C C C X I I I.

LE Major de chaque régiment portera le mot & l'ordre au Commandant du régiment, tel qu'il foit.

C C C X I V.

SI le Major du régiment ne va pas lui-même à l'ordre, l'Aide-major qui l'aura pris pour lui, le lui portera, après l'avoir donné au Commandant du régiment.

C C C X V.

LES Aide-majors des corps porteront l'ordre au Lieutenant-colonel de leur régiment, & aux Commandans de leurs bataillons, quand même le Colonel feroit préfent.

C C C X V I.

LES Officiers-majors ne feront tenus de porter l'ordre aux Officiers fupérieurs, qu'à leur logement ou à l'endroit qu'ils auront indiqué, à moins qu'il n'y eût quelque chofe de nouveau, auquel cas ils les chercheront jufqu'à ce qu'ils les aient trouvés.

C C C X V I I.

LES Sergens iront porter le mot & l'ordre à leur Capitaine ; ils leur donneront le mot à l'oreille, & leur répéteront tout ce qui aura été dit au cercle.

A l'égard des autres Officiers de la compagnie, ils ne leur porteront le mot que lorfqu'ils auront été commandés.

Lefdits Sergens auront la hallebarde à la main, & le chapeau bas, en donnant l'ordre, & les Officiers le recevront pareillement le chapeau bas.

C C C X V I I I.

AUCUN Capitaine ne pourra difpenfer le Sergent qui devra lui porter l'ordre, de s'en acquitter régulièrement tous les jours, quand même il n'y auroit que le mot à lui donner.

C C C X I X.

LES Sergens finiront par aller dans les chambrées, où ils expliqueront aux Soldats de leur compagnie, ce qui aura été ordonné au cercle, & les défenses qui y auront été faites, sans cependant leur dire le mot.

C C C X X.

LORSQUE les régimens des Gardes-françoises & Suisses, *Gardes-françoises & Suisses.* se trouveront dans les garnisons avec d'autres troupes, les Sergens de ces deux régimens feront un cercle à part, pour prendre le mot du Major de la place, séparément des autres Sergens de la garnison.

C C C X X I.

LORSQUE les compagnies du Régiment des Gardes- *Régimens étrangers.* suisses se trouveront dans une place, sans celles des Gardes-françoises, les Sergens du plus ancien corps françois prendront la droite, & feront un cercle à part avec les Sergens des Gardes-suisses.

C C C X X I I.

LES Sergens d'un régiment étranger, quoique plus ancien que les régimens françois de la garnison, n'auront jamais que le second rang dans le cercle qui sera formé pour l'ordre.

DE LA RETRAITE ET DES PATROUILLES.

C C C X X I I I.

LA retraite générale de la garnison, sera battue aussi- *Heure de la Retraite.* tôt après que l'ordre aura été donné, & que les cercles particuliers des corps se seront séparés.

C C C X X I V.

TOUS les Tambours la battront, & lorsqu'il y aura *Marche des Tambours.* des régimens de différente nation dans la place, ceux des régimens françois marcheront tous ensemble, & les étrangers séparément, à leur suite.

C C C X X V.

POURRONT cependant les Commandans des grandes places, affecter aux différens corps de Tambours, des quartiers particuliers pour y battre la retraite; auquel cas ils partiront tous ensemble de la place d'armes, & s'y sépareront pour aller chaque bande au quartier qui lui sera défigné, où ils cefferont de battre lorfqu'ils feront arrivés à l'endroit qui leur aura été preferit.

C C C X X X V I.

Retraite des bourgeois.

UNE heure après la retraite de la garnifon, celle des bourgeois fera fonnée par la cloche du Beffroy, ou autre à ce deftinée.

C C C X X X V I I.

Rentrée des Soldats au quartier.

LES Soldats, Cavaliers & Dragons, devront alors être rentrés dans leur quartier, ou chez leur hôte.

Ceux qui travailleront en ville, y feront de même affujétis, à moins qu'ils n'aient une permiffion particulière, pour coucher dans la maifon de celui chez lequel ils travailleroient, ou pour fe retirer plus tard

Ces permiffions ne feront valables qu'autant qu'elles feront fignées d'un Officier de la compagnie, & approuvées des Commandans du régiment & de la place.

C C C X X X V I I I.

Obligation de porter du feu.

APRÈS la retraite des bourgeois fonnée, aucune perfonne, ni Officier, ni bourgeois, ne pourra aller dans les rues, fans porter ou faire porter devant foi un flambeau, lanterne ou mèche allumée; & les fentinelles ne laifferont paffer qui que ce foit qui n'ait du feu.

C C C X X I X.

Patrouilles.

IL fera commandé des patrouilles, pour parcourir les rues & quartiers de la ville, depuis la retraite fonnée au Beffroy, jufqu'au jour.

C C C X X X.

LE nombre des patrouilles fera réglé par le Commandant de la place, qui leur preferira le chemin qu'elles auront à tenir, obfervant de les en faire changer fouvent.

C C C X X X I.

IL y aura à chaque patrouille au moins un Soldat, Cavalier & Dragon de chacun des corps de la garnifon, & un Sergent de ville ou autre habitant.

C C C X X X I I.

Perfonnes arrêtées par les Patrouilles.

CES patrouilles arrêteront tous les Officiers qui pourroient avoir quelques débats & querelles, & les conduiront

chez

chez le Major, qui les fera mettre en lieu de sûreté, jusqu'à ce que le Commandant en ait ordonné.

C C C X X X I I I.

ELLES arrêteront pareillement, & conduiront au corps-de-garde de la place, tous les Gendarmes, Cavaliers, Dragons & Soldats qu'elles trouveront dans les rues ou dans les cabarets, quand même ils n'y feroient point de bruit; & ils feront mis en prison pour un mois, de même que ceux qui, ayant eu permission de se retirer plus tard, feront arrêtés hors du chemin qu'ils devront tenir pour se rendre à leur quartier ou logement.

C C C X X X I V.

LES bourgeois & autres qui feront trouvés dans les rues sans feu, ou faisant du désordre, feront de même conduits au corps-de-garde, où ils resteront jusqu'au lendemain matin, qu'il en fera donné avis au Commandant de la place, lequel les remettra au pouvoir des Juges ordinaires, pour être punis suivant les ordonnances de police.

C C C X X X V.

SI le désordre ou le délit commis par lesdits bourgeois ou autres habitans, intéressoit la sûreté de la place, l'autorité du commandement, ou le service de Sa Majesté, le Commandant de la place les retiendra en prison, jusqu'à ce que, sur le compte qu'il en rendra au Secrétaire d'état ayant le département de la guerre, il lui ait fait savoir les intentions de Sa Majesté.

DES RONDES.

C C C X X X V I.

DÈS que la retraite aura été battue, les sentinelles ne laisseront plus passer qui que ce puisse être sur les remparts, que les rondes & les patrouilles.

Rempart interdit après la Retraite.

C C C X X X V I I.

LE Commandant de la place règlera le nombre d'Officiers & de Sergens de ronde, & les heures où ils devront faire ce service, selon les saisons, & de manière

Nombre & heure des Rondes.

P

qu'il y ait toûjours, s'il se peut, des Officiers sur le rempart, depuis la fermeture des portes jusqu'à ce qu'on les ouvre.

C C C X X X V I I I.

Chemin qu'elles feront.

LES rondes partiront du poste qui sera désigné par le Commandant de la place, & feront le tour du rempart en entier, revenant aboutir au même poste dont elles seront parties.

C C C X X X I X.

Rondes de Sergens.

LORSQUE les Commandans le jugeront à propos, ils ordonneront une ronde de Sergens, en même temps que celle d'Officiers; alors ces deux rondes prendront les deux chemins contraires, pour se croiser au milieu de celui qu'elles auront à parcourir.

C C C X L.

Contre-rondes.

ILS pourront aussi faire faire des contre-rondes, par des Sergens ou Caporaux qu'ils feront partir des autres postes.

C C C X L I.

Division de la Ronde.

DANS les places d'une trop grande étendue, on pourra commander le double d'Officiers & Sergens pour les rondes, & chacun d'eux n'en fera que la moitié.

Les Commandans indiqueront en ce cas, les postes d'où chacun d'eux devra partir, & ceux où ils devront finir leur tournée.

C C C X L I I.

Ronde par les Officiers de garde.

DU jour que les Officiers de semestre auront eu la permission de partir, jusqu'à celui qui aura été fixé pour leur retour, les Commandans des places pourront, s'ils le jugent à propos, faire faire les rondes par les Officiers de garde; bien entendu que s'ils ne suffisent pas pour faire toutes celles qui seront ordonnées, on y suppléera par d'autres Officiers de la garnison.

Dès que les semestriers auront dû rejoindre, on commandera expressément pour ce service d'autres Officiers que ceux de garde, qui ne devront plus alors être occupés que du soin des postes qui leur seront confiés.

C C C X L I I I.

Officiers commandés pour les Rondes.

LES Officiers qui devront faire la ronde, seront commandés la veille, à l'Ordre, immédiatement après ceux qui doivent monter la garde le lendemain.

C C C X L I V.

ILS se rendront sur la place d'armes, à l'heure que la garde doit monter; & avant qu'elle défile, ils tireront au sort les heures auxquelles ils devront les faire, & ne pourront les changer entr'eux.

Tirer les Rondes.

C C C X L V.

LES Capitaines tireront les premiers, les Lieutenans ensuite, & sans admettre aucune différence entr'eux pour les heures auxquelles ils devront faire leurs rondes, que le sort seul décidera.

C C C X L V I.

LES Sergens tireront ensuite entr'eux, ils seront pris pendant toute l'année des postes où il montera des Officiers; on ne fera point faire de ronde à ceux qui commanderont des postes, & au cas qu'il n'y en eut pas un assez grand nombre des premiers, on en commandera d'autres qui ne feront ce jour-là d'aucun service dans la garnison.

C C C X L V I I.

LE Major de la place écrira sur son regiſtre, les noms & les grades des Officiers de ronde, auxquels les différentes heures seront échûes; & les Officiers signeront sur ce regiſtre, à mesure qu'ils tireront au sort.

Regiſtre des Rondes.

C C C X L V I I I.

LES Officiers qui changeront l'heure de leur ronde, ou qui manqueront à la faire, seront mis en prison pendant un mois.

C C C X L I X.

IL sera délivré à chacun des Officiers commandés, autant de pièces de plomb ou de cuivre (appelées *Marrons*), où l'heure de la ronde sera empreinte, qu'il y aura de boîtes sur le chemin des rondes qu'ils auront à faire.

Marrons.

C C C L.

TOUT Officier de ronde fera, sous peine d'être mis en prison, porter un falot devant lui, & ne se servira pour

Falot de Ronde.

cela d'aucun Soldat pris dans les corps-de-gardes, qui n'en fourniront que pour conduire de poste en poste, & éclairer la ronde-major, ou celle du Commandant de la place lorsqu'il jugera à propos de la faire.

C C C L I.

LES Sergens & Caporaux de ronde seront, sous peine de prison, obligés de porter un falot.

C C C L I I.

Attentions en fai-
sant la Ronde.

LES Officiers de ronde suivront exactement le parapet des ouvrages dans lesquels ils devront passer; ils examineront si les sentinelles sont exacts à leur faction, s'il n'y en a point d'endormis, & s'il n'en manque point; ils monteront de temps en temps sur le parapet, pour voir, lorsque la nuit ne sera pas trop obscure, ou du moins pour écouter ce qui se passera dans le fossé.

Ils s'arrêteront à tous les corps-de-gardes, pour donner le mot.

C C C L I I I.

Reconnoissance
des Rondes.

LORSQUE le sentinelle d'un poste apercevra une ronde ou patrouille, il lui criera *(Qui va - là);* & lorsque cette ronde se fera annoncée, il avertira son Caporal en lui disant quelle ronde c'est.

C C C L I V.

LE Caporal sortira du corps-de-garde, se faisant éclairer par un Soldat, s'avancera au sentinelle qui est devant les armes, criera *(Qui va-là);* & lorsqu'on lui aura répondu, & qu'il aura reconnu la ronde ou patrouille, il criera *(Avance qui a l'ordre),* tirera son épée, & mettant le pouce gauche sur la pointe, la présentera vis-à-vis l'estomac de celui qui fera la ronde ou la patrouille, il en recevra le Mot, & s'il est bon, le laissera passer.

C C C L V.

Signature des
Officiers de ronde.

IL y aura des corps-de-gardes désignés suivant la volonté du Commandant de la place, où les Officiers de ronde, signeront leur nom dans un registre uniquement destiné à cet usage, & qui y sera fourni par le Major de la place.

CCCLVI.

C C C L V I.

Il y aura d'autres corps-de-gardes, où ils laifferont un de leurs marrons, & d'autres où ils en laifferont de même, & figneront encore.

C C C L V I I.

Lorsque les Officiers de ronde figneront fur le regiftre, ils ne laifferont point d'intervalle entre leur nom & les noms de ceux qui auront déjà figné.

C C C L V I I I.

Dans chaque corps-de-garde, ou autres lieux défignés pour recevoir les marrons des rondes, il y aura une boîte faite pour cet ufage, dont le·Major aura la clef, & fur laquelle fera marqué le nom du corps-de-garde ou autre pofte où elle devra être.

Boîtes & regiftres pour les Rondes.

C C C L I X.

Les Caporaux de configne, lorfqu'ils monteront la garde, recevront des mains du Caporal de configne du corps-de-garde de la place d'armes, les boîtes & regiftres, & fe chargeront de les placer où elles devront être.

C C C L X.

Les Officiers ou Sergens faifant leurs rondes, remettront eux-mêmes dans les boîtes, les marrons qui leur auront été donnés.

C C C L X I.

Le lendemain, à fept heures du matin, ou immédiatement après l'ouverture des portes quand elle fe fera plus tard, les Caporaux de configne rapporteront au Major les boîtes & les regiftres, afin qu'il vérifie fi les rondes auront été faites exactement, & dans l'ordre prefcrit, pour en rendre compte au Commandant de la place.

C C C L X I I.

Les Caporaux de configne reporteront enfuite les boîtes, marrons & regiftres au corps-de-garde qui fera fur la place d'armes, où le Caporal de configne s'en chargera jufqu'à la garde montante.

C C C L X I I I.

Les Officiers commandés pour les rondes, ne les pour-

Rondes fe feront à pied.

ront faire qu'à pied : si néanmoins il s'en trouve quelques-uns dans les régimens, d'assez âgés ou d'assez infirmes pour ne le pouvoir pas, Sa Majesté trouve bon que les Commandans des places leur permettent de les faire à cheval; bien entendu qu'ils pourront suivre le chemin des rondes, dans toutes ses parties, aussi exactement que s'ils étoient à pied, & qu'ils porteront avec eux cette permission par écrit, au moyen de laquelle les sentinelles les laisseront passer, observant seulement de les faire mettre pied à terre à tous les corps-de-gardes où ils devront donner le mot.

C C C. L X I V.

Rencontre des Rondes.

LORSQUE les rondes se rencontreront sur le rempart, la première qui découvrira l'autre, criera *(Qui va-là)*; l'autre répondra *(Ronde)*, en disant si c'est de Capitaine ou de Lientenant, & de quel régiment.

La première s'annoncera ensuite; & lorsqu'elles se joindront, l'Officier du caractère inférieur donnera le Mot; & si le caractère est égal, l'Officier du plus ancien régiment le recevra.

C C C L X V.

Ronde-major.

LE Major de la place, ou à son défaut un Aide-major, fera tous les jours la ronde après l'ordre donné, observant de ne la pas faire tous les jours à la même heure; il ira ensuite en rendre compte au Commandant de la place, & lui portera le Mot en même temps.

C C C L X V I.

Ronde-commandante.

LES Gouverneurs, Lieutenans de Roy & Commandans, feront la ronde toutes les fois qu'ils le jugeront à propos; lesdits Commandans ou Officiers de l'Etat-major de la place, pourront faire leur ronde à cheval, sans être obligés d'en descendre en aucun cas.

C C C L X V I I.

LORSQU'ILS feront leur ronde, & que le sentinelle aura averti son Caporal, celui-ci en avertira l'Officier qui commandera chaque corps-de-garde, lequel fera sortir toute sa garde, & la fera mettre en haie ou sur plusieurs rangs, au dehors du corps-de-garde, dans le même ordre qu'elle doit être difposée pendant le jour.

Après avoir fait reconnoître la ronde du Commandant, il dira *(Avance à l'ordre)* ; puis il donnera le Mot en perfonne, fans pouvoir le faire donner par un Sergent ni Officier fubalterne.

CCCLXVIII.

L'OFFICIER qui donnera le mot au Commandant, aura l'Efponton à la main; il fera efcorté de quatre Fufiliers la bayonnette au bout du fufil, faifant haut les armes, marchant deux pas derrière lui, & il s'avancera dix pas en avant de la garde, étant éclairé par le Caporal de configne.

CCCLXIX.

POUR donner le mot au Major (ou à l'Aide-major) lorfqu'il fera fa première ronde, appelée Ronde-major, l'Officier aura de même fon efponton à la main ; mais il fera feulement accompagné de deux Fufiliers, & ne s'avancera que quatre pas au delà de la fentinelle qui fera devant les armes.

CCCLXX.

SI le Gouverneur, Lieutenant de Roy ou Commandant, juge à propos de faire plus d'une ronde dans la nuit, l'Officier commandant dans chaque pofte ira le recevoir, & lui donnera le mot comme à la première ronde.

CCCLXXI.

SI après la ronde-major, les Majors & Aide-majors en veulent faire quelqu'autre, ils donneront eux-mêmes le mot au Caporal, qui les recevra comme de fimples rondes.

CCCLXXII.

LES Infpecteurs pourront faire leur ronde quand ils le jugeront à propos, en ce cas ils en avertiront le Commandant de la place; & les Officiers du corps-de-garde en uferont à leur égard, de même qu'il eft ci-deffus prefcrit pour les Gouverneurs, Lieutenans de Roy & Commandans.

Ronde des Infpecteurs.

CCCLXXIII.

LES Sergens qui commanderont dans des poftes,

Sergens commandant des poftes.

recevront les rondes de la même manière qu'il est prescrit aux Officiers de le faire.

CCCLXXIV.

Gardes-françoises & Suisses.

LES Officiers subalternes des régimens des Gardes-françoises & Suisses, feront la ronde dans les places où ils se trouveront en garnison, ainsi que les autres Officiers d'Infanterie.

DES DÉTACHEMENS
de guerre, & Partis.

CCCLXXV.

N'excéderont moitié de la garnison.

LES Gouverneurs, ou Commandans de place, pourront en temps de guerre faire sortir de leurs places les détachemens qu'ils jugeront à propos, pourvû qu'ils n'excèdent pas la moitié de l'Infanterie de leur garnison.

CCCLXXVI.

Subordonnés au Commandant de la place.

ILS conserveront la même autorité sur ces troupes détachées, soit qu'ils les accompagnent, ou qu'ils restent dans la place.

CCCLXXVII.

Permission des Officiers généraux employés.

S'IL y avoit un Commandant général sur la frontière, ou même un Officier général employé, les Gouverneurs ou Commandans des places de ladite frontière, ne pourroient en faire sortir des détachemens, ni en sortir avec eux, sans leur permission, hors les cas urgens & particuliers, dont ils seroient tenus de leur rendre compte sur le champ.

CCCLXXVIII.

Commandans des détachemens.

LES Commandans des places pourront choisir pour commander les détachemens de guerre, les Officiers qu'ils jugeront les plus capables, pourvû que par leur grade ils soient en droit de commander les autres Officiers qui feront détachés avec eux.

CCCLXXIX.

Ordre écrit du Commandant de la place.

AUCUN parti ne sortira des places, s'il n'est commandé par un Officier, ou par un Sergent qui soit porteur

d'un

d'un ordre pour aller à la guerre, signé du Général de l'armée, ou du Commandant de la province, ou de celui de la place, & cacheté de leurs armes.

C C C L X X X.

Force des Partis.

LES Commandans des places ne donneront point de passeports pour des partis, qu'ils ne soient au moins du nombre d'hommes porté dans les cartels qui feront arrêtés entre les Puissances belligérantes.

C C C L X X X I.

ILS ne pourront réclamer les Cavaliers, Dragons ou Soldats de leur garnison qui auront été pris sans passeport, & en nombre moindre qu'il n'aura été convenu par les cartels.

C C C L X X X I I.

CEUX des garnisons ennemies, qui feront pris étant dans ce cas, feront mis au Conseil de guerre, & punis comme voleurs.

C C C L X X X I I I.

LE Commandant d'un détachement allant à la guerre, aura soin avant de sortir de la place, de prendre plusieurs passeports du Commandant de ladite place, afin que s'il se trouve obligé de diviser son détachement, il en puisse donner un double à celui qui devra commander la troupe qui en sera séparée; & au bas de ce double il marquera le nombre d'hommes dont ce second détachement sera composé.

C C C L X X X I V.

Effets pris par les Partis.

LES effets qui auront été pris par les partis sortis des places, ne pourront être vendus qu'après qu'il en aura été dressé procès verbal, & que la prise aura été jugée bonne; & cette vente ne pourra se faire que dans une place de guerre, & autant qu'il fera possible dans celle dont le détachement sera sorti.

C C C L X X X V.

ELLE se fera à l'encan par le Major de la place où la prise sera amenée, quand même le détachement n'en seroit pas sorti; & ledit Major ne pourra faire d'autre

R

retenue fur le produit de la vente, que celle du fol pour livre.

CCCLXXXVI.

LES chevaux pris fur les Huffards ennemis, feront remis par préférence aux Officiers de Huffards des troupes du Roy, qui en payeront la valeur aux partis qui en auront fait la capture.

SERVICE DE LA GENDARMERIE,
CAVALERIE & DRAGONS.

CCCLXXXVII.

Garde de Cavalerie. LA Cavalerie montera chaque jour la garde à cheval, dans les places frontières qui confinent aux pays étrangers.

CCCLXXXVIII.

DANS les places de feconde ligne, la garde fera réglée de manière que chaque Officier & Cavalier la monte régulièrement deux fois par mois; & fi les hommes & les chevaux ne pouvoient avoir dix nuits de repos, on n'en commandera que le nombre néceffaire pour faire tous les jours la découverte.

CCCLXXXIX.

Affemblée. LA troupe de Cavalerie qui devra monter la garde à cheval, fe rendra fur la place, où on affemblera les efcouades une heure avant celle de la garde.

CCCXC.

Infpection. UN Officier major du régiment en fera l'infpection, l'exercera & la conduira au rendez-vous indiqué pour l'affemblée des poftes de l'Infanterie.

CCCXCI.

Parade. ELLE y arrivera l'épée à la main, l'Officier à la tête, & le Brigadier à la queue; & elle fe mettra en troupe fur deux rangs, à la gauche de l'Infanterie.

Lorfqu'elle fera commandée par un Capitaine, le Trompette marchera devant, & fonnera.

CCCXCII.

SI lorfqu'il faudra défiler, toute la garde fe rompt par

un seul & même mouvement, celle de Cavalerie suivra celle de l'Infanterie; sinon elle attendra que le Major de la place lui dise *(Marche)*, & alors elle défilera de même que l'Infanterie.

C C C X C I I I.

L'Officier saluera de l'épée, en passant devant le Commandant de la place.

C C C X C I V.

On destinera, autant qu'il sera possible, un lieu sur la place d'armes, pour mettre à couvert les hommes & les chevaux de la Cavalerie, & leur servir de corps-de-garde. *Corps-de-garde.*

C C C X C V.

Il y aura pendant le jour devant ce corps-de-garde, une vedette à cheval, le mousqueton haut, qui sera relevée d'heure en heure.

La nuit, il n'y aura qu'un sentinelle à pied, le mousqueton sur le bras, qui sera relevé toutes les deux heures.

C C C X C V I.

A l'arrivée de la nouvelle garde, l'ancienne garde se trouvera en troupe sur deux rangs, l'épée à la main, tournant le dos au corps-de-garde, le Trompette à la droite; la nouvelle viendra se former à sa gauche, lorsque l'ancienne sera formée par la droite : si au contraire l'ancienne garde étoit formée par la gauche, la nouvelle prendroit sa droite. *Garde relevée.*

A l'approche de la garde relevante, les deux Trompettes sonneront la marche, & les Officiers se salueront de l'épée.

C C C X C V I I.

Lorsque les consignes seront données, les vedettes & sentinelles relevées, la vieille garde marchera quelques pas en avant, & se repliera par sa droite ou par sa gauche, jusqu'à ce qu'elle soit hors de vûe de la nouvelle garde : alors elle fera halte pour remettre les épées, & l'Officier qui la commandera, la conduira en ordre au quartier.

C C C X C V I I I.

La nouvelle garde remettra les épées après le départ de l'ancienne; elle marchera quelques pas en avant, puis fera face au corps-de-garde, & mettra pied à terre &

les chevaux dans l'écurie , y laiſſant un Cavalier ſans armes,
& un ſentinelle armé d'un mouſqueton à la porte du corps-
de-garde.

C C C X C I X.

Garde aux S'IL n'y a point ſur la place d'armes de corps-de-garde
Caſernes. deſtiné à la Cavalerie , l'ancienne garde partira du quartier
pour ſe rendre à ſon poſte ſur la place d'armes , une demi-
heure avant qu'on monte la garde ; & quand celle qui devra
la relever , ſe préſentera , elle lui cédera ſon poſte.

La nouvelle garde reſtera à cheval une demi-heure ,
après que toutes les eſcouades d'Infanterie auront défilé ;
elle retournera enſuite aux caſernes , où les chevaux demeureront ſellés dans une écurie particulière , & les Cavaliers
bottés dans une chambre deſtinée à cet effet , ſans qu'il leur
ſoit permis de s'en écarter.

C D.

ELLE laiſſera ſeulement ſur la place , une vedette &
un Cavalier à pied au corps-de-garde de l'Infanterie, pour
recevoir les ordres du Major de la place , & les porter à
la garde de Cavalerie ; leſquels vedette & Cavalier à
pied, ſeront relevés toutes les deux heures.

C D I.

Fermeture DÈS que la cloche ſonnera pour la fermeture des portes,
des portes. la garde de Cavalerie montera à cheval, & ſe rendra ſur
la place , où elle reſtera juſqu'à ce que les portes ſoient
fermées ; & elle retournera enſuite au corps-de-garde de
la place d'armes ou des caſernes.

Les chevaux demeureront ſellés, & les Officiers & Cavaliers de garde ſeront obligés d'y paſſer la nuit ſans ſe
débotter.

C D I I.

Ouverture LORSQU'ON battra la Diane, la garde de Cavalerie ſe
des portes. rendra pareillement ſur la place , & elle y reſtera juſqu'à
ce que l'ouverture des portes ſoit faite.

C D I I I.

Découverte. SI le Commandant de la place juge à propos d'envoyer
battre l'eſtrade hors des portes avant de les faire ouvrir,

ceux

ceux de la garde de Cavalerie qui feront commandés pour cet effet, fe rendront, le moufqueton haut, aux portes qui leur feront indiquées, pour fortir de la place lorfque l'on en fera l'ouverture, & aller à la découverte.

A leur fortie, on fermera la barrière, & quand ils auront rapporté qu'il n'y aura rien à craindre, on les laiffera rentrer dans la place.

C D I V.

LES jours de marché, la garde de la Cavalerie mon- *Marchés.* tera à cheval, entière ou par détachement, ainfi que le Commandant de la place le jugera à propos, pour être placée où il la croira la plus utile à empêcher le défordre ; & elle y demeurera jufqu'à ce que le marché foit fini.

C D V.

LA garde fournira les patrouilles à cheval qui feront *Patrouilles* commandées pour la nuit. *à cheval.*

C D V I.

QUAND elle devra fortir avec fes armes, le fentinelle *Appel de la garde.* criera *(Cavaliers, aux armes)*, & quand elle devra fortir fans armes *(Cavaliers, hors de la garde)*.

C D V I I.

LE Brigadier de garde fera l'appel des Cavaliers, toutes les heures, & avertira l'Officier de ceux qui manqueront.

C D V I I I.

LES vedettes feront relevées par le Brigadier à cheval, *Vedettes.* partant du corps-de-garde l'épée à la main, & les Cavaliers le moufqueton haut, & y retourneront de même.

C D I X.

LA nouvelle vedette prendra la gauche de la vieille en la relevant, & le Brigadier fe mettra vis-à-vis, pour entendre fi la configne fe rend bien.

C D X.

A l'égard des fentinelles, le Brigadier les relèvera étant feulement armé de fon moufqueton, qu'il tiendra d'une main par le milieu, & les Cavaliers le porteront fur le bras gauche.

S

C D X I.

LES Commandans des places feront faire, lorfqu'ils le jugeront néceffaire, le fervice à pied à la Cavalerie, de la même manière qu'à l'Infanterie.

En ce cas, on deftinera des poftes féparés à la Cavalerie, dont les efcouades prendront la gauche de l'Infanterie, dans l'ordre de bataille.

C D X I I.

LES Officiers de Cavalerie qui feront commandés pour la garde à pied, tireront les poftes entr'eux, après ceux de l'Infanterie, en préfence d'un Officier-major de la place, qui les infcrira fur le regiftre de la garde.

C D X I I I.

LES poftes de la Cavalerie feront partagés en efcouades, comme ceux de l'Infanterie; & ces efcouades feront commandées par les Brigadiers.

C D X I V.

LES Officiers de Cavalerie étant de garde à pied, feront armés d'un moufqueton.

C D X V.

LES Majors ou Aide-majors de Cavalerie, fe trouveront fur la place d'armes, à l'heure que le Major de la place ira donner l'Ordre au cercle de l'Infanterie : les Maréchaux-des-logis s'y trouveront auffi, ou des Brigadiers à leur défaut, avec un Brigadier ou Cavalier par compagnie, armé d'un moufqueton; il y aura auffi un Brigadier de la garde.

C D X V I.

LE Major de la place, en fortant du cercle de l'Infanterie, donnera le Mot & l'Ordre auxdits Majors ou Aide-majors de Cavalerie, en fuivant l'ancienneté de leurs régimens.

C D X V I I.

LES Officiers-Majors de Cavalerie, ayant pris l'Ordre, formeront un cercle pour le rendre à leurs Maréchaux-des-logis.

C D X V I I I.

CE cercle commencera par le plus ancien Major, ou Aide-major en commiſſion de Capitaine, à moins que le Major de la place ne voulut y entrer lui-même : les autres Majors & Aide-majors ſe rangeront à ſa droite, ſuivant l'ancienneté de leurs régimens, & après eux les Maréchaux-des-logis, ou Brigadiers en faiſant les fonctions, gardant le même ordre entr'eux, & ceux du même corps ſuivant enſemble le rang de leurs compagnies; & le Brigadier de la garde terminera le cercle.

C D X I X.

A quatre pas de ce cercle, les Brigadiers & Cavaliers en formeront un ſecond, pour l'envelopper, préſentant les armes en dehors.

C D X X.

ALORS, l'Officier-major qui devra donner l'ordre, expliquera tout ce qui concerne le ſervice, & donnera enſuite le Mot tout bas à l'oreille, par ſa droite; les Maréchaux-des-logis le recevront chapeau bas, & le feront paſſer de l'un à l'autre, juſqu'à ce qu'il revienne à l'ancien Major; après quoi le cercle ſe rompra, & le Brigadier de la garde retournera à ſon poſte.

C D X X I.

CHAQUE Officier-major formera enſuite un cercle particulier pour ſon régiment, comme il eſt expliqué à l'égard de l'Infanterie; & l'ordre ſe diſtribuera de même aux Officiers ſupérieurs & autres, & dans les chambrées des Cavaliers.

C D X X I I.

TOUS les Trompettes des régimens de Cavalerie de la garniſon, ſe trouveront ſur la place d'armes à l'heure de la retraite; & en même temps que les Tambours en partiront, ils ſonneront la retraite. *Retraite.*

C D X X I I I.

ILS retourneront delà chacun au quartier de leur régiment, où ils la ſonneront une ſeconde fois.

C D X X I V.

UNE heure après la retraite ſonnée, les Maréchaux-des-logis visiteront les chambrées des Cavaliers, & en feront l'appel.

C D X X V.

Patrouilles. LE Commandant de la garde de Cavalerie, fera faire par sa garde, tous les détachemens & patrouilles qui lui seront ordonnés par les Officiers de l'Etat-major de la place, & ces patrouilles se conformeront à ce qui est enjoint à celles d'Infanterie.

C D X X V I.

Rondes. LES Officiers, Maréchaux-des-logis, & Brigadiers de Cavalerie, qui seront commandés pour faire la ronde, se conformeront pareillèment à ce qui est prescrit à cet égard, aux Officiers, Sergens & Caporaux de l'Infanterie.

C D X X V I I.

Garde des Etendards. CHAQUE régiment de Cavalerie fournira un sentinelle pour la garde de ses étendards, à la porte de la maison où ils seront déposés; & il sera commandé pour cet effet, quatre Cavaliers par régiment, avec un Brigadier, qui se tiendront au corps-de-garde de la place, ou autre poste le plus voisin de ladite maison.

Ces Cavaliers seront relevés tous les jours; ils se rendront directement de leur quartier audit poste, à l'heure où les gardes s'assembleront, & ne feront point d'autre service.

C D X X V I I I.

Gendarmerie. LA Gendarmerie étant dans une place de guerre, elle y fera le service comme la Cavalerie légère, montera la garde à cheval, & fournira des détachemens pour les escortes, pour aller à la guerre, pour faire la découverte, & pour les patrouilles.

C D X X I X.

ELLE fera aussi le service à pied, quand le bien du service & la sûreté de la place l'exigeront, de même qu'il est prescrit à la Cavalerie légère : il y aura néanmoins cette différence, que les Gendarmes, soit à pied, soit à cheval, ne monteront point la parade sur la place avec la garde de la garnison; mais qu'ils s'assembleront à leurs

quartiers,

quartiers, d'où ils défileront aux postes fixes qui leur seront destinés, sans être sujets à d'autre inspection que celle des Officiers-majors du corps, & sans que leurs escouades puissent être mêlées avec celles des autres troupes, ni que leurs détachemens escadronnent avec les autres.

C D X X X.

QUE le Major, ou l'Aide-major de la Gendarmerie, prendra directement le Mot du Commandant de la place; recevant au surplus l'Ordre & le détail du service, du Major de ladite place, pour le rendre au cercle particulier de ce corps, qui sera formé par les Brigadiers & Sous-brigadiers des compagnies, & non par les Maréchaux-des-logis.

C D X X X I.

QUE la Gendarmerie ne fournira des sentinelles qu'aux prisons, aux magasins, aux arsenaux & au trésor ; les Commandans des places n'en pouvant point exiger d'honoraires de ce corps.

C D X X X I I.

ET que les Gendarmes n'assisteront point aux exécutions, ni en corps, ni par détachement.

C D X X X I I I.

ENTEND Sa Majesté, que sous prétexte de ces distinctions, ou tel autre que ce soit, les Gendarmes ne puissent se dispenser de reconnoître les Officiers, soit d'Infanterie, de Cavalerie légère ou de Dragons, des autres troupes de la garnison, & de leur obéir & entendre en tout ce qui leur sera ordonné pour le service de Sa Majesté.

C D X X X I V.

LES Dragons se conformeront pour le service qu'ils au- *Dragons.* ront à faire dans les places, si c'est à cheval, à ce qui est ordonné pour la Cavalerie ; & si c'est à pied, à ce qui est ordonné pour l'Infanterie.

C D X X X V.

LES Commandans des places régleront l'un & l'autre service que les Dragons auront à faire, suivant le nombre des compagnies de ce corps, tant à pied qu'à cheval, qui

T

feront dans leur place, & par proportion aux autres troupes, foit d'Infanterie ou de Cavalerie de la garnifon.

C D X X X X V I.

Si les circonftances exigent qu'ils faffent faire le fervice à pied, aux compagnies qui feront montées, ils en diminue-ront d'autant celui qu'ils leur auroient fait faire à cheval.

C D X X X X V I I.

Les efcouades des Dragons qui feront le fervice à pied, fe placeront à la gauche de l'Infanterie avec leurs Officiers, fans être mêlées avec l'Infanterie ; & il leur fera donné des poftes féparés, qu'ils tireront entr'eux.

C D X X X X V I I I.

Les Dragons à cheval prendront pareillement la gau-che des Cavaliers avec lefquels ils feront commandés.

C D X X X I X.

Les Maréchaux-des-logis des compagnies de Dragons, foit à pied, foit à cheval, feront un cercle à part, où le Major du régiment donnera l'Ordre, après l'avoir pris de celui de la place ; à moins que celui-ci ne veuille l'y donner lui-même.

C D X L.

Les Dragons qui feront le fervice à pied, porteront le fufil fur l'épaule ; & leurs Officiers, Maréchaux-des-logis & Brigadiers, le porteront fur le bras gauche.

Les Dragons qui ferviront à cheval, le porteront haut dans tous les cas où les Cavaliers devront mettre l'épée à la main.

C D X L I.

Les Tambours des Dragons battront la garde & la re-traite, marchant quarante pas derrière ceux de l'Infanterie ; & lorfqu'ils feront à cheval, ils battront dans les mêmes occafions où les Trompettes doivent fonner.

DES TROUPES DE PASSAGE.

C D X L I I.

Entrée dans les places.

Les troupes de paffage qui logeront & qui féjourneront

dans les places, obſerveront à l'égard de leur entrée, les mêmes règles établies pour celles qui doivent y tenir garniſon ; à l'exception que les Officiers d'Infanterie des troupes de paſſage, pourront demeurer à cheval à la tête de leurs compagnies, & qu'elles ne feront point conduites par le Major de la place, mais par leurs Officiers qui les mèneront ſur la place d'armes, d'où elles iront aux quartiers qui leur feront deſtinés.

C D X L I I I.

ELLES ne contribueront à la garde de la place, que dans les cas de néceſſité ; elles établiront ſeulement des gardes à leur quartier, pour la police & le bon ordre. *Garde.*

C D X L I V.

LES Majors, Sergens & Maréchaux-des-logis des troupes qui feront logées dans les places pendant leur route, feront obligés de ſe trouver à l'Ordre comme s'ils étoient en garniſon. *Ordre.*

C D X L V.

LE Commandant de la place leur indiquera le lieu où elles devront ſe poſter en cas d'alarme, & l'heure de leur départ : pour cet effet, un Officier major ira le ſoir à l'Ordre chez ledit Commandant. *Rendez-vous, & heure du départ.*

C D X L V I.

LEURS Tambours & Trompettes battront & ſonneront la retraite avec les autres. *Retraite.*

C D X L V I I.

L'ARRIÈRE-GARDE ne ſortira de la place, qu'une heure après le régiment ; & elle viſitera auparavant les logemens & les cabarets, pour voir à ce qu'il ne reſte derrière aucun Soldat. *Arrière-garde.*

C D X L V I I I.

SI après le départ de l'arrière-garde, il ſe trouve encore dans la place quelque Soldat, Cavalier ou Dragon du régiment qui y aura paſſé, les Officiers-majors de la place les feront arrêter & remettre à la Maréchauſſée qui devra ſuivre le régiment dans ſa route, pour les y conduire. *Traîneurs.*

T ij

DES MILICES BOURGEOISES.

CDXLIX.

Leur assemblée. LES Milices bourgeoises ne pourront s'assembler dans les villes, qu'après en avoir obtenu la permission du Commandant de la place.

CDL.

Subordination. DÈS qu'elles seront sous les armes, & employées au service de la place, elles reconnoîtront l'autorité dudit Commandant & des autres Officiers de l'Etat-major; & elles seront sujettes à la Justice militaire, dans tous les cas & pour tous les délits militaires que les Officiers & Soldats desdites Milices pourront commettre étant en faction, de garde, de détachement, de ronde, de patrouille, & en général dans l'exécution de tous les ordres émanés du Commandant.

CDLI.

DANS tous les autres cas, lesdits Officiers & Soldats de Milice bourgeoise, même étant de garde, seront justiciables des Juges royaux.

CDLII.

Contribution à la garde. LES Commandans des places dont la garde sera confiée auxdites Milices, au défaut d'autres troupes, demanderont à ceux qui commandent lesdites Milices, le nombre d'Officiers & de Fusiliers dont ils auront besoin : mais ils ne pourront s'ingérer dans le détail des habitans qui devront marcher, ni des exemptions prétendues; toutes les difficultés qui s'éleveront à cet égard, devant être portées à la décision de l'Intendant de la province.

DES ASSEMBLÉES DES TROUPES.

CDLIII.

Générale imprévûe. LORSQUE l'on battra la Générale à l'improviste dans une place, toute la garnison prendra les armes, & la Cavalerie sonnera sur le champ le boute-selle.

CDLIV.

C D L I V.

S'IL est ordonné que toute l'Infanterie prenne les armes, les Tambours battront d'abord la Générale; & s'il n'y a qu'une partie de l'Infanterie qui doive les prendre, on battra le Premier. *Batterie des Tambours.*

C D L V.

TOUTE l'Infanterie prenant les armes, si c'est pour border le rempart, le premier régiment appuiera sa droite au lieu désigné pour placer la tête des troupes; le second régiment marchant à colonne renversée, y appuiera sa gauche; les autres régimens rempliront alternativement par droite & par gauche, l'intervalle qui sera entre les deux premiers. *Border le rempart.*

C D L V I.

S'IL s'agit de border les rues, le premier régiment prendra la droite; le second prendra la gauche; les autres régimens se formeront ensuite alternativement à droite & à gauche, autant que le permettra le nombre des bataillons dont chaque régiment sera composé, & de manière qu'il y en ait, s'il est possible, autant d'un côté que de l'autre. *Border les rues.*

C D L V I I.

ON regardera comme la droite, & le poste d'honneur, le côté qui sera à droite en sortant du logis de celui pour qui on aura pris les armes; s'il ne loge point dans la place, & qu'il ne fasse que la traverser, le poste d'honneur sera la droite de la porte par laquelle il entrera. *Poste d'honneur.*

C D L V I I I.

LORSQUE l'on bordera la haie pour les processions, le poste d'honneur sera à la droite de la porte de l'église par laquelle la procession sortira. *Processions.*

C D L I X.

LORSQU'UN régiment ou bataillon étranger étant dans une place, se trouvera le plus ancien de ceux de la garnison, le plus ancien des régimens, ou bataillon françois de cette garnison, prendra le rang sur l'étranger, quoique moins ancien que lui. *Régimens étrangers.*

C D L X.

EN cas d'alarme, ou de Générale battue à l'improviste, *Alarme.*

les troupes se rendront sans perte de temps chacune au lieu convenu, les Soldats portant avec eux leurs armes & bagages; & ce lieu leur sera indiqué dès le premier jour de leur arrivée, afin qu'ils puissent le reconnoître d'avance, ainsi que les chemins qui y conduiront.

C D L X I.

Incendie. DÈS que la garde de la place sera informée que le feu aura pris en quelque endroit, elle y enverra aussi-tôt un détachement pour empêcher le désordre; lequel détachement retournera à son poste, lorsqu'il y sera arrivé des détachemens de la garnison.

C D L X I I.

Revûe. LES Commissaires des guerres ne pourront faire leurs revûes, qu'après en avoir demandé la permission au Commandant de la place, qui ne pourra la leur refuser sans des raisons dont il informera sur le champ le Secrétaire d'état ayant le département de la guerre.

C D L X I I I.

LE Commandant & le Major de la place devant être avertis par le Commissaire des guerres, de l'heure de la revûe, ils y seront présens, & en signeront les extraits; se conformant pour le surplus, à ce qui est ou sera prescrit dans la suite par les ordonnances particulières concernant lesdites revûes.

C D L X I V.

Exercice. LES Commandans des places assisteront, autant qu'ils le pourront, aux exercices des troupes de leur garnison.

Ils auront attention à ce que les munitions ordonnées à cet effet, leur soient distribuées, & qu'elles soient consommées suivant les intentions de Sa Majesté.

Ils informeront régulièrement le Secrétaire d'état ayant le département de la guerre, des jours que les régimens auront pris les armes, & du progrès qu'ils auront remarqué dans leurs manœuvres.

C D L X V.

VEUT pareillement Sa Majesté, que si aucune troupe s'écartoit, en quelque chose que ce soit, de l'exercice qu'Elle leur a prescrit de suivre, lesdits Commandans l'en inſtruiſent auſſi-tôt; faute de quoi ils feront garans & reſponſables de l'inexécution de ſes ordres.

C D L X V I.

LORSQU'IL ſera néceſſaire d'exploiter & remuer des pièces d'artillerie & munitions de guerre dans une place, on commandera le nombre de Soldats néceſſaire à cet effet, ſur la réquiſition du Commandant de l'Artillerie : ces Soldats de corvées feront commandés par des Sergens, qui leur feront exécuter tout ce que le Commandant de l'Artillerie ordonnera.

Corvées pour l'Artillerie.

C D L X V I I.

LES diſtributions de pain, fourrages, étapes & autres, ſe feront toûjours en préſence d'un Officier-major du corps, qui ſera reſponſable du déſordre qui pourroit y arriver de la part de ceux à qui la diſtribution ſera faite ; & ſera tenu d'avertir le Commandant du corps, s'il lui paroît qu'il y ait fraude de la part des Entrepreneurs ou autres fourniſſeurs.

Diſtributions.

C D L X V I I I.

LES Soldats, Cavaliers & Dragons qui devront aller à ces diſtributions, feront aſſemblés par leurs Sergens ou Maréchaux-des-logis, qui les y conduiront en bon ordre & tous enſemble.

DES HONNEURS MILITAIRES
qui feront rendus dans les places.

C D L X I X.

LORSQUE le Saint Sacrement paſſera à la vûe d'une garde ou d'un autre poſte, les Officiers & Soldats du poſte prendront les armes, & mettront un genou en terre, les Soldats préſentant les armes, la bayonnette au bout du fuſil, & ayant leur chapeau ſur la garde de l'épée; & les Tambours battront aux champs.

Saint Sacrement.

C D L X X.

SI le Saint Sacrement paſſe devant une troupe d'Infanterie placée ſous les armes, elle ſe mettra de même un genou en terre, la bayonnette au bout du fuſil, les drapeaux falueront; les Officiers falueront auffi de l'Efponton, & s'agenouilleront auffi-tôt après le falut.

C D L X X I.

Si la troupe étoit en marche, elle fera halte, & fe mettra en bataille pour rendre les mêmes honneurs.

C D L X X I I.

Le Saint Sacrement paffant devant une troupe de Cavalerie, fi elle eft à cheval, les Officiers & Cavaliers auront le chapeau fous le bras gauche, & l'épée à la main; les Cornettes tiendront leur Etendard dont ils falueront, ainfi que les Officiers de l'épée; les Timbales battront, & les Trompettes fonneront la marche: fi la troupe eft à pied, elle mettra le genou en terre, préfentant le moufqueton, & le chapeau fur la garde de l'épée.

C D L X X I I I.

Aux proceffions du Saint Sacrement, l'Infanterie bordera la haie dans les rues où elles devront paffer; la Cavalerie fera en bataille fur les places les plus commodes ; & les Grenadiers marcheront fur deux files des deux côtés du Dais, la bayonnette au bout du fufil.

C D L X X I V.

Le Roy. Lorsque Sa Majefté devra entrer dans une place, toute la garnifon prendra les armes; la Cavalerie ira au devant d'Elle jufqu'au lieu qui lui fera indiqué par le Commandant de la place.

L'Infanterie formera une double haie, & préfentera les armes, ayant la bayonnette au bout du fufil.

Les Drapeaux & Etendards, & les Officiers falueront; les Tambours & Timbales battront, & les Trompettes fonneront la marche.

C D L X X V.

Le Gouverneur & les autres Officiers de l'Etat-major fe trouveront fur le glacis, en dehors de la première barrière, pour préfenter les clefs.

C D L X X V I.

Il fera fait trois falves de toute l'artillerie de la place, lorfque Sa Majefté aura paffé les ponts.

CDLXXVII.

C D L X X V I I.

SI Sa Majesté s'arrête dans la place, & que les troupes destinées à sa garde particulière ne soient pas près de sa personne, il en sera fourni une par le plus ancien des régimens françois de la garnison, composée d'un bataillon commandé par le Colonel, avec le drapeau blanc, laquelle garde ne pourra être relevée par aucun autre régiment que celui qui l'aura fournie.

C D L X X V I I I.

IL sera mis pareillement dans le même cas, devant le logis de Sa Majesté, un escadron de garde du plus ancien régiment de Cavalerie de la garnison, commandé par le Mestre-de-camp; lequel escadron fournira deux vedettes l'épée à la main devant la porte, & sera relevé successivement par les premiers escadrons des autres régimens de la garnison.

C D L X X I X.

LORSQUE Sa Majesté sortira de la place, l'Infanterie bordera pareillement la haie, jusqu'à la porte par laquelle Elle devra sortir; la Cavalerie se trouvera sur son passage hors de la place; & dès que Sa Majesté en sera sortie, on la saluera par trois décharges de toute l'artillerie.

C D L X X X.

QUAND les Princes du sang, ou les Princes légiti- *Princes du Sang.* més de France, passeront par une place ou s'y arrêteront, l'Infanterie de la garnison sera pareillement en haie, présentant les armes; la Cavalerie ira au devant d'eux; les troupes les salueront; l'Etat-major les recevra à la barrière : on fera une décharge générale de l'artillerie de la place; & leur garde sera de cinquante hommes commandés par un Capitaine, avec les Officiers subalternes à proportion, & un drapeau de couleur.

C D L X X X I.

LES Maréchaux de France seront reçûs l'Infanterie *Maréchaux* étant en haie, & présentant les armes; la Cavalerie ira *de France.* au devant d'eux; ils seront salués par les troupes; l'Etat-major se trouvera à la barrière de la ville; on tirera pour

X

eux douze volées de canon : & à leur arrivée, ils trouveront devant leur logis, une garde de cinquante hommes avec un drapeau de couleur, commandée par un Capitaine, & les Officiers subalternes à proportion.

C D L X X X I I.

Gouverneurs & Lieutenans généraux des provinces. LES Gouverneurs & Lieutenans généraux de province, lorsqu'ils voudront faire leur entrée d'honneur dans les places, citadelles & châteaux de leur département (ce qu'ils ne pourront faire qu'une fois seulement, ou à chaque mutation du Gouverneur particulier en icelle), en donneront avis au Gouverneur ou Commandant de la place, pour qu'il se dispose à les recevoir.

C D L X X X I I I.

ILS entreront dans la place, en voiture ou à cheval, à leur option, précédés de leurs gardes portant la carabine & la casaque de livrée, & accompagnés de leurs Gentils-hommes & autres de leur suite.

C D L X X X I V.

LE Gouverneur ou Commandant de la place, se trouvera à la barrière pour les recevoir, & les accompagnera par-tout jusqu'à leur sortie de la place.

C D L X X X V.

LA garnison sera en haie, portant les armes, les Officiers salueront, & les Tambours appelleront.

On tirera cinq volées de gros canon.

Il sera donné une garde de trente hommes commandés par un Lieutenant, dont le Tambour appellera.

C D L X X X V I.

LE Commandant de la place prendra l'Ordre d'eux, le jour de leur arrivée & celui de leur départ ; & ils le donneront au Major les autres jours.

C D L X X X V I I.

LES gardes des portes & autres, se mettront en haie ou en bataille sur leur passage ; & à leur sortie, on tirera pareillement cinq volées de gros canon.

C D L X X X V I I I.

SI les Gouverneurs & Lieutenans généraux, ayant fait

leur entrée d'honneur, retournent dans les places après un an & un jour d'absence, les Gouverneurs & Commandans des places, les iront recevoir à l'entrée d'icelles; & il en sera usé pour leur garde & pour le Mot, comme il vient d'être expliqué; mais les troupes ne prendront point les armes.

CDLXXXIX.

QUAND lesdits Gouverneurs ou Lieutenans généraux des provinces, se trouveront Maréchaux de France ou Lieutenans généraux des armées, ils recevront les honneurs qui leur seront dûs dans lesdites qualités.

CDXC.

S'ILS ont l'agrément du Roy pour commander dans leur province, quand même ils ne seroient point Officiers généraux, ils seront salués par les troupes, de même que les Lieutenans généraux des armées, commandant dans les provinces.

CDXCI.

LES Lieutenans généraux des armées, commandant en chef dans une province, seront salués de cinq volées de canon, lors de leur première entrée dans les places.

Lieutenans généraux des armées.

CDXCII.

ON envoyera à leur logis après leur arrivée, une garde de cinquante hommes sans drapeau, commandée par un Capitaine, dont le Tambour appellera.

CDXCIII.

LES troupes ne les salueront que la première fois qu'ils les verront après leur arrivée dans leur commandement, & la dernière avant leur départ.

CDXCIV.

CEUX desdits Lieutenans généraux des armées, qui commanderont sous d'autres chefs, ou qui seront seulement employés par lettres de service, n'auront qu'une garde de trente hommes commandés par un Lieutenant, dont le Tambour appellera.

CDXCV.

LES gardes des places prendront les armes pour les

Lieutenans généraux des armées qui commanderont dans les provinces, ou y seront employés par lettres de service; & les Tambours desdites gardes appelleront pour eux.

C D X C V I.

Maréchaux-
de-camp.

LES Maréchaux-de-camp commandant en chef dans les provinces, auront trente hommes & un Officier de garde, avec un Tambour qui appellera.

C D X C V I I.

SI lesdits Maréchaux-de-camp commandent en second, ou s'ils ont seulement des lettres de service, ils n'auront que quinze hommes de garde, commandés par un Sergent; & le Tambour qui les conduira à leur logis, n'y restera point.

C D X C V I I I.

LES gardes des places prendront les armes pour lesdits Maréchaux-de-camp Commandant ou Employés; mais le Tambour prêt à battre, ne battra point.

C D X C I X.

Brigadiers.

LE Brigadier commandant dans une province, aura un Caporal & dix hommes, sans Tambour; & s'il n'est employé que par lettres de service, il aura seulement un sentinelle à la porte de son logis.

D.

LES gardes des places se mettront en haie pour les Brigadiers qui commanderont; mais elles ne sortiront point pour les autres.

D I.

Inspecteurs.

LES Directeurs & Inspecteurs généraux des troupes; qui seront Officiers généraux des armées, ou Brigadiers, recevront les mêmes honneurs dans les places que s'ils y étoient employés par lettres de service dans lesdites qualités.

D I I.

Gouverneurs &
Commandans
des places.

LES Gouverneurs particuliers, Lieutenans de Roy & Commandans des places, ne pourront exiger qu'un sentinelle, quand même ils seroient Officiers généraux, à moins qu'ils n'eussent des lettres de service.

DIII.

D I I I.

LES Officiers & Soldats des poftes vis-à-vis defquels ils pafferont, fortiront des corps-de-gardes pour fe mettre en haie, fans prendre les armes.

D I V.

AU défaut d'Infanterie, la Cavalerie fournira un Cavalier à pied au logis du Commandant de la place.

D V.

S'IL fe trouve en même temps dans une place, plu-fieurs Princes du fang & Maréchaux de France, leurs gardes prendront refpectivement les armes lorfqu'ils fe vifiteront, & les Tambours battront aux champs.

Gardes d'honneur.

Les autres gardes ne prendront les armes que pour les Princes du fang & les Maréchaux de France, & pour celui qu'elles garderont.

D V I.

LES gardes d'honneur feront fournies par le plus ancien régiment françois de la garnifon; & lorfqu'il y en aura plufieurs à fournir, la première fera fournie par le premier régiment, la feconde par le plus ancien après le premier, & ainfi des autres fucceffivement.

D V I I.

DANS les cas d'affemblée d'armées, où les garnifons ne feroient pas affez nombreufes pour fournir des gardes aux Officiers généraux employés qui fe trouveront dans les places, on mettra feulement des fentinelles à la porte de leur logis.

D V I I I.

LES gardes des Princes du fang & Maréchaux de France, feront pofées devant leur logis avant leur arrivée; celles des Lieutenans généraux & autres Officiers inférieurs, n'y feront envoyées qu'après.

D I X.

LES troupes qui pafferont dans les places, ou qui n'y féjourneront qu'un ou deux jours, ne feront point tenues d'y fournir des gardes d'honneur.

Y

D X.

Tambours & Trompettes.

LES Tambours battront toujours aux champs, & les Trompettes fonneront la marche, pour ceux qui auront une garde avec un drapeau.

D X I.

Défenses de rendre ni exiger plus qu'il n'eft ordonné.

DÉFEND Sa Majefté à tout Officier d'exiger qu'on lui rende des honneurs autres que ceux qui font attribués à fon grade, ni d'en rendre à qui que ce foit au delà de ce qui eft prefcrit ci-deffus, à moins d'un ordre exprès de Sa Majefté; & en cas que quelqu'un exigeât d'autres honneurs que ceux qui feront ordonnés, les Majors des places & ceux des régimens, feront tenus d'en rendre compte au Secrétaire d'état ayant le département de la guerre.

DES HONNEURS FUNEBRES.

D X I I.

Maréchaux de France.

LORSQU'UN Maréchal de France mourra dans une place, on tirera un coup de canon de demi-heure en demi-heure, depuis fa mort jufqu'au départ de fon convoi.

La garnifon prendra les armes, & la Cavalerie montera à cheval; & le tout marchera à la tête du convoi.

Quand le corps fera mis en terre, ou dépofé, on tirera trois décharges de douze pièces de canon chacune, & autant de falves de la moufqueterie des troupes.

D X I I I.

Gouverneurs & Lieutenans généraux des provinces, & Lieutenans généraux des armées, y commandant.

POUR le convoi d'un Gouverneur ou Lieutenant général de province, ou pour celui d'un Lieutenant général des armées, commandant dans une province, toute la garnifon marchera pareillement, & il fera tiré trois décharges de cinq pièces de canon.

D X I V.

Maréchaux-de-camp commandant dans les provinces.

POUR le convoi d'un Maréchal-de-camp commandant dans une province, on rendra les mêmes honneurs qu'à celui d'un Lieutenant général, à la referve qu'il ne fera point tiré de canon.

D X V.

ON fera marcher deux piquets de chacun des régimens *Officiers généraux employés.*
de la garnison, au convoi des Lieutenans généraux &
Maréchaux-de-camp employés dans les places par lettres
de service.

D X V I.

AU convoi d'un Brigadier employé, on fera marcher *Brigadiers.*
un piquet de chacune des troupes de la garnison du même
corps dans lequel servoit le défunt; & s'il est Colonel ou
Mestre-de-camp, son régiment marchera en entier, indépendamment desdits piquets.

D X V I I.

POUR un Colonel ou Mestre-de-camp en pied, étant *Colonels, Mestres-*
dans la place avec son régiment, ledit régiment marchera *de-camp & Lieu-*
en corps au convoi. *tenant-colonels.*

D X V I I I.

POUR les Colonels en pied qui ne seront point avec
leur corps, ou ceux qui n'auront que des réformes ou
commissions, on commandera deux cens hommes de la
garnison sans drapeau.

D X I X.

POUR un Lieutenant-colonel d'Infanterie en pied, il
y aura la moitié du régiment par détachement, avec un
drapeau.

D X X.

POUR un Lieutenant-colonel d'Infanterie dont le régiment ne sera pas présent, ou qui sera réformé, ou par commission, on commandera cent cinquante hommes de la
garnison, sans drapeau.

D X X I.

POUR les Mestres-de-camp & Lieutenant-colonels de
Cavalerie & de Dragons, il sera commandé le même nombre d'hommes de leur corps, qui est expliqué dans les trois
articles ci-dessus pour les Colonels & Lieutenant-colonels
d'Infanterie.

D X X I I.

POUR un Commandant de bataillon, on détachera *Commandant*
de bataillon.

cent cinquante hommes de son bataillon, sans drapeau.

D X X I I I.

Capitaines, Majors, & autres Officiers inférieurs.

POUR un Capitaine ou Major, cinquante hommes; pour un Lieutenant, Enseigne ou Cornette, trente hommes; & pour un Maréchal-des-logis ou un Sergent, quinze hommes; le tout du régiment dont sera le défunt.

D X X I V.

Gouverneurs.

POUR le Gouverneur de la place, toute la garnison prendra les armes, & marchera à son convoi avec les drapeaux.

D X X V.

Lieutenans de Roy & Commandans.

POUR le Lieutenant de Roy ou autre Commandant particulier, la moitié de la garnison prendra les armes sans drapeau.

D X X V I.

Majors.

POUR le Major de la place, lorsqu'il ne commandera pas, il y aura cent hommes, cinquante hommes pour l'Aide-major, & trente hommes pour le Capitaine des portes.

D X X V I I.

Commissaires des guerres.

POUR un Commissaire des guerres, cinquante hommes.

D X X V I I I.

Officiers commandés.

TOUS les détachemens qui marcheront pour rendre les honneurs funèbres, seront commandés par des Officiers de même grade que celui pour lequel ils seront rendus, ou à leur défaut, par ceux du grade inférieur.

D X X I X.

IL en sera de même des Officiers qui devront porter les quatre coins du poêle.

D X X X.

Monter à cheval.

LA Cavalerie & les Dragons ne monteront à cheval que pour les Officiers généraux.

D X X X I.

Armes traînantes.

LES Soldats & les Cavaliers, & Dragons à pied, porteront les armes traînantes.

D X X X I I.

Mousqueterie.

TOUS ceux qui seront commandés feront trois décharges

de

de leurs armes, après l'enterrement, la dernière en défilant devant la porte de l'église.

D X X X I I I.

IL sera mis des crêpes aux drapeaux & étendards qui *Crêpes.* marcheront aux convois; les tambours & timbales seront couverts de serge noire, & il sera mis des sourdines & des crêpes aux trompettes.

D X X X I V.

LES crêpes resteront aux drapeaux & étendards à la mort du Colonel, jusqu'à ce qu'il ait été remplacé.

DES CITADELLES, FORTS ET CHASTEAUX.

D X X X V.

LES Gouverneurs ou Commandans des Citadelles, Forts *N'en sortira plus* & Châteaux, quand même ils commanderoient aussi dans *du tiers de la* les villes & places auxquelles lesdites citadelles, forts & châ- *garnison.* teaux sont attachés, ne pourront en tirer la garnison ou partie d'icelle, sans un ordre exprès de Sa Majesté, hors le seul cas de nécessité urgente pour la sûreté & conservation desdites villes & places; auquel cas Elle leur permet de faire ou laisser sortir le tiers de leur garnison, & non davantage, sur les ordres ou réquisitions par écrit qu'ils en recevront des Généraux d'armée, du Commandant de la province, ou de celui de la place.

D X X X V I.

NE pourront pareillement lesdits Gouverneurs & Com- *Entrée des* mandans des citadelles, forts & châteaux, y laisser entrer *troupes.* aucunes troupes, que celles qui y seront envoyées par l'ordre exprès de Sa Majesté, à moins qu'Elle n'en eût donné le pouvoir spécial au Commandant de la province.

D X X X V I I.

LES Commandans dans les villes ne pourront pré- *Commandans* tendre aucun commandement dans les citadelles, forts *non sujets à ceux* & châteaux qui en dépendent, s'ils n'en sont en même *des villes.* temps Gouverneurs.

Z

D X X X V I I I.

SERONT néanmoins obligés les Commandans des citadelles, forts & châteaux, & réduits, d'envoyer tous les jours un Officier-major, ou à son défaut un Sergent, prendre le Mot de celui, quel qu'il soit, & de quelque grade qu'il se trouve, qui commandera dans la ville.

Mais il pourra le changer immédiatement après que les portes de communication desdites citadelles, forts, châteaux & réduits, avec la ville, auront été fermées, quand même le Gouverneur seroit présent à la ville; pourvû toutefois que lesdites citadelles, forts, châteaux & réduits, soient séparés du lieu où sera le Gouverneur, par un fossé ou pont-levis.

D X X X I X.

LES Commandans des citadelles, forts, châteaux & réduits, ne souffriront point qu'aucun étranger y réside, sans la permission du Roy ou du Commandant de la province.

D X L.

ILS n'y laisseront entrer aucuns balots, coffres ni caisses fermées, à qui que ce soit qu'ils appartiennent, sans les avoir fait ouvrir & visiter.

D X L I.

ILS ne feront jamais ouvrir les portes de secours, qu'en leur présence, & dans des cas pressans, dont ils rendront compte au Commandant de la province.

D X L I I.

A l'égard des portes de communication avec les villes, elles seront fermées au soleil couchant, & ne seront ouvertes le matin qu'après le soleil levé.

D X L I I I.

VEUT Sa Majesté qu'il reste toûjours dans les citadelles, forts & châteaux, un tiers des Officiers de la garnison qui ne feront point de garde; que pour s'accommoder sur cela entr'eux, ils se trouvent un jour de la semaine chez le Commandant de la place, & même tous les jours s'il le juge à propos; qu'il soit fait en sa présence un état de ceux qui devront y demeurer chaque jour quoiqu'ils ne soient pas de garde, lequel état restera entre les mains dudit Commandant; & que si quelqu'un desdits Officiers contrevient à ce dont il aura été convenu, il soit mis en prison pour quinze jours la première fois, & qu'en cas de récidive, il demeure en prison jusqu'à nouvel ordre, & qu'il en soit rendu compte à Sa Majesté.

D X L I V.

ON ne pourra recevoir, ni retenir en prison dans une citadelle, fort ou château, aucun Officier d'une autre garnison, ni particulier quel qu'il soit, sans un ordre exprès de Sa Majesté, ou du Commandant de la province, lequel ne donnera lesdits ordres que dans des cas urgens, dont il informera sur le champ le Secrétaire d'état ayant le département de la guerre, qui adressera aux Commandans desdites citadelles, forts & châteaux, ceux que Sa Majesté jugera à propos de donner. *Prisonniers.*

D X L V.

LE service se fera d'ailleurs dans les citadelles, forts & châteaux, comme il est prescrit pour toutes les places de guerre. *Même service que dans les places.*

DE LA DISCIPLINE DES TROUPES
dans les places.

D X L V I.

LES Gouverneurs des places sujets à résidence, & les Commandans des villes, citadelles, forts ou châteaux, ne pourront s'en absenter pour plus de quatre jours, sans un congé signé de Sa Majesté, & contre-signé du Secrétaire d'état ayant le département de la guerre; ils ne pourront même en sortir pour un jour, en quelque cas que ce puisse être, si le Lieutenant de Roy ou le Major n'y est présent, & en état de commander en leur absence. *Absence des Gouverneurs & Commandans.*

D X L V I I.

LES autres Officiers des Etat-majors des places, seront sujets aux mêmes règles pour faire autoriser leur absence; *Des Officiers-majors.*

& seront de plus obligés de demander la permission du Gouverneur ou Commandant de la place.

D X L V I I I.

Des Ingénieurs, Officiers d'Artillerie, & Commissaires des guerres.

LES Ingénieurs, Officiers d'artillerie, & Commissaires des guerres, dont les fonctions s'étendent hors de la place de leur résidence ordinaire, demanderont la permission de s'absenter, à celui qui y commandera, lequel ne pourra ni les obliger de s'expliquer sur les motifs de leur absence, ni leur rien prescrire sur le temps de leur retour.

D X L I X.

Des Officiers de la garnison.

NUL Officier de la garnison ne pourra s'en absenter, ne fût-ce que pour une nuit, sans la permission du Commandant de la place, & de celui du corps, quand bien même il seroit de semestre, ou auroit obtenu un congé.

D L.

LES Commandans des provinces pourront, sur la réquisition des Commandans des corps, accorder des permissions de s'absenter aux Capitaines & autres Officiers qui seront en garnison dans les places de leur commandement, mais seulement pour quinze jours, & à un Capitaine & à un Lieutenant seulement à la fois de chaque bataillon, ou de chaque régiment de Cavalerie ou de Dragons, ayant attention qu'ils ne soient pas de la même compagnie.

D L I.

LES Commandans des places pourront accorder les mêmes permissions pour huit jours, dans les provinces où il n'y aura point de Commandant général, & pour deux jours seulement dans celles où il y en aura.

D L I I.

LES permissions de s'absenter qui auront été ainsi accordées aux Officiers, soit par les Commandans des provinces, ou par ceux des places, ne pourront autoriser ceux qui les auront obtenues, à sortir de l'étendue de la province où ils seront en garnison.

D L I I I.

LES Officiers qui auront été absens, iront à leur retour

rendre

rendre compte de leur arrivée au Commandant de la place; lequel fera mettre en prison ceux qui n'auront pas rejoint exactement leur troupe à l'expiration des congés, femeftres & permiffions qu'ils auront eues, & les y tiendront autant de jours qu'ils en auront manqué à fe rendre à leur devoir.

D L I V.

Si ce terme excède celui de quinze jours, ils en rendront compte au Secrétaire d'état ayant le département de la guerre, & au Commandant de la province.

D L V.

Les Majors des corps, à leur arrivée dans les places, remettront au Commandant un contrôle qui comprendra le nom & le grade de chaque Officier, en marquant ceux qui feront abfens par congé, femeftre, fimple permiffion ou autrement, & le temps auquel ils auroient dû ou devront rejoindre, ainfi que leur adreffe.

D L V I.

Les Commandans des places enverront un double de cet état à celui de la province, & l'informeront du retour des abfens, & du départ de ceux qui s'abfenteront.

D L V I I.

Les Commandans des troupes ne pourront permettre aux Gendarmes, Cavaliers, Dragons & Soldats, étant fous leurs ordres, de découcher de la place où ils tiendront garnifon, fans en avoir informé le Commandant de la place.

D L V I I I.

Les congés limités qui feront donnés aux Cavaliers, Soldats & Dragons en garnifon dans les places, feront nuls, fi, outre la fignature de l'Officier commandant la compagnie dont ils feront, du Commandant, & de l'Officier chargé du détail du régiment, ils ne font encore vifés par le Gouverneur ou Commandant de la place où ils auront été expédiés.

D L I X.

Les Commandans des places auront attention que les

A a

Officiers de leur garnifon portent toûjours les Uniformes de leur corps; & fi aucun s'en difpenfe, ils les feront mettre aux arrêts, & en informeront le Secrétaire d'état ayant le département de la guerre.

D L X.

LES Soldats, Cavaliers ou Dragons qui quitteront leur habit uniforme, pour porter des habits bourgeois, feront mis en prifon pour quinze jours.

D L X I.

POURRONT néanmoins les Commandans des places, permettre que les Soldats de recrue qui n'auront pû être habillés auffi-tôt après leur arrivée, faffent le fervice tels qu'ils fe trouveront, pourvû qu'ils foient à l'abri de la rigueur des temps, & qu'ils aient quelques marques de leur régiment, auxquelles on puiffe les reconnoître.

D L X I I.

LES Soldats, Cavaliers & Dragons, qui fe prêteront leur habit uniforme d'un régiment à l'autre, feront punis fuivant la rigueur des ordonnances.

D L X I I I.

Appels. LES Sergens & Maréchaux-des-logis feront tous les jours quatre appels des Soldats, Cavaliers & Dragons de leur compagnie; le premier à la pointe du jour, le fecond à l'heure du diner, le troifième à celle du fouper, & le quatrième une heure après la retraite.

D L X I V.

ILS auront de la lumière quand ils feront leur appel pendant la nuit.

D L X V.

CES appels fe feront dans chaque chambrée des cafernes; & fi les Soldats, Cavaliers ou Dragons font logés chez les bourgeois, les Sergens & Maréchaux-des-logis iront chez leurs hôtes.

D L X V I.

LES Soldats, Cavaliers ou Dragons qui manqueront à l'appel, feront mis en prifon pendant quinze jours.

D L X V I I.

LE Major de chaque régiment nommera tous les jours un Maréchal-des-logis ou Sergent, qui raſſemblera les billets que chaque Sergent ou Maréchal-des-logis devra faire des Soldats, Cavaliers ou Dragons de ſa compagnie, qui auront manqué à l'appel, dont il dreſſera un état pour le porter au Major du régiment.

D L X V I I I.

CES mêmes Maréchaux-des-logis & Sergens remettront le ſoir dans la boîte qui ſera à la porte du Commandant, les billets de l'appel du ſoir; & le lendemain matin ils porteront au Major de la place, l'état de ceux qui auront manqué à l'appel de la pointe du jour, & ledit Major en rendra compte au Commandant.

D L X I X.

LORSQUE les rondes & patrouilles arrêteront quelques Soldats, Cavaliers ou Dragons, après la retraite ſonnée, ſi leſdits Soldats, Cavaliers & Dragons ne ſe trouvent pas dénoncés dans leſdits billets d'appel, le Sergent ou le Maréchal-des-logis de la compagnie duquel ils ſeront, ſera mis en priſon pendant quinze jours.

D L X X.

LES Commandans des places & des régimens feront faire les appels par des Officiers, lorſqu'ils le jugeront à propos; & dans ce cas, l'Officier commandé pour faire l'appel, en ſignera l'état.

D L X X I.

LES Soldats, Cavaliers & Dragons qui s'enivreront le jour qu'ils feront de garde, feront mis ſur le cheval de bois, chaque jour à la garde montante, pendant un mois. *Punition du Soldat ivre.*

D L X X I I.

SUBIRONT la même peine, ceux qui tireront des armes à feu après que la garde de nuit aura été poſée, ou qui feront du bruit, ou quelqu'autre choſe capable de cauſer quelque alarme. *De celui qui cauſera une alarme.*

D L X X I I I.

LES Soldats, Cavaliers & Dragons ne travailleront de *Travail des Soldats.*

leurs métiers, que chez les maîtres-ouvriers des villes où ils feront en garnison, hors que ce ne foit pour le fervice & l'utilité de leur régiment ; auquel cas ils ne pourront travailler ailleurs que dans leurs quartiers ou cafernes, mais fans pouvoir fous ce prétexte travailler pour les habitans ou étrangers.

D L X X I V.

Détention des Officiers.

LORSQUE quelque Officier d'une garnifon aura commis une faute grave, le Commandant de la place le fera arrêter, & en informera dans les vingt-quatre heures, le Secrétaire d'état ayant le département de la guerre, & le Commandant de la province.

D L X X V.

A l'égard de ceux qui manqueront de conduite, Sa Majefté s'en remet aux Commandans des places, & à ceux des corps dont ils feront, de les tenir en prifon tout le temps qu'ils jugeront néceffaire pour leur correction.

D L X X V I.

Emprifonnement des Soldats.

LES Commandans des places pourront faire arrêter & mettre en prifon, tout Soldat, Cavalier ou Dragon qui fera prévenu de crime, ou qui aura manqué au fervice de la place, de quelque corps qu'il foit, en faifant avertir le Commandant de ce corps.

D L X X V I I.

Sortie de prifon.

LES chefs & Officiers des troupes, pourront pareille-ment faire arrêter & mettre en prifon les Soldats, Cava-liers ou Dragons de leurs corps, qui feront tombés en faute, en en rendant compte au Commandant de la place; mais ne les feront point mettre en liberté, fans la permiffion dudit Commandant.

D L X X V I I I.

CHAQUE jour, lorfque la garde fera défilée, le Major de la place remettra au Commandant un état des pri-fonniers, fur lequel feront marqués la date & le fujet de leur détention.

D L X X I X.

LE Commandant donnera en conféquence fes ordres,

pour

pour faire élargir ceux qu'il jugera à propos, ou dont l'é-
largissement lui sera demandé par les Commandans
des corps ; le Major en fera un état, le signera, & le remettra à un Sergent de la garde de la place, qui le portera à la prison : le Geolier fera sortir ceux qui seront sur
cet état.

D L X X X.

Le Geolier ne pourra demander pour la sortie de chaque prisonnier, qu'un demi-jour de leur solde.

D L X X X I.

On commandera tous les jours un Officier subalterne *Visite*
par bataillon, pour visiter les chambrées des Soldats, soit *des Chambrées.*
qu'ils soient logés dans les casernes, ou chez les bourgeois.

D L X X X I I.

Ces Officiers examineront si les Soldats sont bien tenus;
s'ils font régulièrement Ordinaire ; s'ils n'ont point de que-
relle entr'eux ; s'ils ne jouent point, ni ne se débauchent
point ; & après leur visite, ils rendront compte au Commandant du corps & à celui de la place.

D L X X X I I I.

On commandera aussi tous les jours un Capitaine *Visite*
& un Officier subalterne de la garnison, pour aller faire *de l'Hôpital.*
la visite de l'hôpital.

D L X X X I V.

Ces Officiers vérifieront si la viande est de bonne qualité, & s'il y en aura la quantité ordonnée par rapport
au nombre des malades : ils goûteront le bouillon, le vin,
la tisanne & les autres alimens, & verront si les malades
sont tenus proprement.

D L X X X V.

Le Capitaine assistera à la distribution du matin, & le
Lieutenant à celle de l'après-midi, & ils en rendront
compte au Commandant de la place.

DU SERVICE DES OFFICIERS
principaux des Troupes.

D L X X X V I.

LES Commandans des places y commanderont chaque jour, & moins ſouvent s'ils le jugent à propos, un ou pluſieurs Colonels, Meſtres-de-camp, Lieutenant-colonels ou Commandans de bataillon en pied de la garniſon, pour faire la viſite des poſtes, des caſernes & de l'hôpital, aux heures qui leur ſeront indiquées : ces Officiers rouleront enſemble pour ce genre de ſervice particulier.

D L X X X V I I.

LES Colonels, Lieutenant-colonels d'Infanterie, & Commandans de bataillon, viſiteront les poſtes de l'Infanterie; ceux de Cavalerie ſeront viſités par les Meſtres-de-camp & Lieutenant-colonels de Cavalerie.

D L X X X V I I I.

LES Meſtres-de-camp & Lieutenant-colonels de Dragons, viſiteront les poſtes de Dragons; & ceux qui ſeront mêlés de Cavalerie & de Dragons à cheval, ſeront viſités par les Officiers ſupérieurs de Cavalerie & de Dragons.

D L X X X I X.

LORSQUE ces Officiers ſe préſenteront devant un corps-de-garde, celui qui commandera le poſte en fera ſortir les Soldats, Cavaliers ou Dragons, les fera mettre en haie, ou ſur pluſieurs rangs, repoſés ſur leurs armes; & ſe mettra à leur tête, ayant ſes armes près de lui, ſans que cette poſition puiſſe être réputée pour marque d'honneur.

D X C.

CES Officiers rendront compte au Commandant de la place, de ce qu'ils auront remarqué dans leur viſite.

D X C I.

SI le Commandant de la place ordonne que cette viſite ſoit faite pendant la nuit, en ce cas l'Officier principal qui la fera, ſera reçû par les poſtes, comme le Major doit l'être lorſqu'il fait ſa première ronde.

D X C I I.

Lorsque les Gardes-françoises & Suisses seront en garnison dans les places, un Capitaine de chacun de ces régimens se trouvera tous les jours à la parade, pour voir si les escouades desdits régimens sont complétes d'Officiers, Sergens & Caporaux; & il visitera plusieurs fois, tant de jour que de nuit, les corps-de-gardes où lesdites escouades seront distribuées, pour reconnoître si les Soldats y sont assidus, & font le service avec l'exactitude qu'ils doivent.

Gardes-françoises & Suisses.

DE LA POLICE DES PLACES.

D X C I I I.

Aucune troupe ne pourra avoir de Vivandiers à sa suite dans les garnisons, à l'exception du régiment des Gardes-françoises & des régimens Suisses; ces derniers devant jouir de ce privilège, en vertu de leur capitulation, & conformément aux règlemens qui ont été faits en conséquence.

Vivandiers.

D X C I V.

Qui que ce soit n'ira, ni envoyera au devant des paysans & autres personnes qui apporteront des vivres dans la place, soit pour les prendre en les taxant arbitrairement, ou pour les choisir; ne pouvant les acheter qu'ils ne soient arrivés sur le marché.

Défenses d'aller au devant des vivres.

D X C V.

Seront passés par les verges, les Soldats, Cavaliers & Dragons qui iront au devant des personnes qui apportent des vivres dans les places, pour les acheter, quand même ce seroit de gré à gré & sans aucune violence.

D X C V I.

Ceux qui voleront ou prendront de force aucune denrée ou marchandise, dans les marchés ou les boutiques, seront punis suivant la rigueur des ordonnances.

Punition des vols.

D X C V I I.

Tout bourgeois ou autre habitant, qui fera crédit à

Crédit au Soldat.

un Soldat, Cavalier ou Dragon, perdra son dû s'il ne lui en a été répondu par son Sergent, ou Maréchal-des-logis.

D X C V I I I.

Jeux défendus. LES Commandans des places auront attention à empêcher les Officiers & Soldats de leur garnison, de jouer à aucuns jeux de hasard.

D X C I X.

LES Soldats, Cavaliers ou Dragons qui tiendront table de jeu, seront condamnés aux peines portées par les ordonnances.

D C.

CEUX qui auront joué, seront mis en prison pour quinze jours.

D C I.

LES Commandans des places s'informeront des bourgeois & autres habitans qui pourroient donner à jouer dans leur maison à des jeux défendus; ils les feront arrêter & remettre aux juges des lieux, pour les punir en conformité des déclarations de Sa Majesté.

D C I I.

Filles débauchées. LORSQU'UNE femme ou fille débauchée sera surprise avec des Soldats, Cavaliers ou Dragons, dans les corps-de-gardes, les casernes ou ailleurs, en flagrant délit, le premier Officier qui en sera instruit, la fera arrêter, & en informera aussi-tôt le Commandant de la place.

D C I I I.

SI ces femmes ou filles étoient domiciliées dans la place, le Commandant les fera remettre au Juge Royal du lieu, sans leur infliger aucune peine.

D C I V.

SI elles sont étrangères & sans aveu, le Commandant de la place les fera passer par les verges, après avoir été exposées sur le cheval de bois; & elles seront ensuite chassées de la ville, avec défenses d'y rentrer, sous peine de prison.

D C V.

Spectacles. IL ne pourra être établi aucun spectacle dans les places,

sans

fans que le Commandant en foit averti, afin qu'il puiffe prendre les précautions néceffaires pour prévenir le défordre qui en pourroit arriver.

D C V I.

IL en fera de même de toutes affemblées & publications au fon de la cloche, du tambour, ou de la trompette, qui ne fe feront jamais fans la participation du Commandant de la place; lequel cependant n'y pourra former aucun obftacle, à moins que le fervice du Roy n'y fût intéreffé, auquel cas il en rendra compte fur le champ au Secrétaire d'état ayant le département de la guerre.

Affemblées & publications.

D C V I I.

LES Commandans des places feront tenus de prêter main-forte pour l'exécution des decrets de juftice, toutes les fois qu'ils en feront requis.

Main-forte à juftice.

D C V I I I.

ILS feront pareillement obligés de foûtenir les Employés des Fermes dans leurs fonctions, & de leur donner un Officier-major pour les accompagner, lorfqu'ils voudront faire leurs vifites dans les cafernes ou autres logemens des Soldats.

Aux Employés des fermes.

DES CONSEILS DE GUERRE,
& Exécutions.

D C I X.

LES Confeils de guerre qui feront affemblés dans les places, fe tiendront chez les Gouverneurs ou Commandans en icelles, & lefdits Gouverneurs ou Commandans y préfideront.

Se tiendront chez le Commandant.

D C X.

LES Majors des places inftruiront les procès qui devront être jugés par le Confeil de guerre, & donneront leurs conclufions, fans avoir voix délibérative.

Le Major inftruira le procès.

D C X I.

SI le Major d'une place fe trouve Commandant, ou s'il

L'Aide-major au défaut du Major.

en est absent, le premier Aide-major remplira ses fonctions.

D C X I I.

AUCUN Officier ne sera mis au Conseil de guerre, sans un ordre de Sa Majesté: Pourra cependant le Commandant de la place, dans les cas qui requerront célérité, faire entendre des témoins pour constater la vérité des faits, dont il rendra compte au Secrétaire d'état ayant le département de la guerre, qui lui fera savoir les intentions de Sa Majesté.

D C X I I I.

LORSQU'UN Soldat, Cavalier ou Dragon d'une garnison où il y aura Etat-major, y commettra un crime ou délit pour lequel il devra être jugé par un Conseil de guerre, l'Officier commandant la compagnie dont sera l'accusé, & à son défaut ou refus le Major de la place, rendra sa plainte à celui qui y commandera, pour obtenir qu'il en soit informé.

D C X I V.

LE Commandant de la place ne pourra refuser de recevoir ladite requête, sans des raisons très-graves, dont en ce cas il informera sur le champ le Secrétaire d'état ayant le département de la guerre, pour en rendre compte à Sa Majesté.

D C X V.

LA requête ayant été répondue d'un *(Soit fait ainsi qu'il est requis)* signé dudit Commandant, sera remise au Major de la place, lequel procédera à l'information, l'interrogatoire de l'accusé, le récolement des témoins, & leur confrontation audit accusé : le tout en suivant les formalités prescrites par l'Ordonnance criminelle du mois d'août 1670; & de manière que la procédure soit parfaite en deux fois vingt-quatre heures au plus, à moins qu'il n'y ait des raisons considérables qui exigent d'y employer un plus long temps.

D C X V I.

LORSQUE pour l'instruction du procès, le Major de la place aura besoin de la déposition de quelque témoin qui ne fera pas fujet à la Juftice militaire, il s'adreffera aux Magiftrats du lieu, pour ordonner auxdits témoins de fe rendre à cet effet devant ledit Major à une heure marquée, & lefdits Magiftrats ne pourront refufer ledit ordre.

D C X V I I.

LE procès étant en état, le Major de la place en ren- *Ordre d'affembler le Confeil de guerre.* dra compte au Commandant, qui ordonnera fans délai la tenue du Confeil de guerre, & nommera les Officiers qui devront le compofer.

D C X V I I I.

LE Confeil de guerre ne fe tiendra que les jours ouvrables, hors les cas extraordinaires qui ne permettront pas de le différer.

D C X I X.

LES Officiers qui devront compofer le Confeil de *Officiers commandés.* guerre, feront commandés à l'Ordre par le Major, la veille du jour qu'il devra fe tenir; & aucun d'eux ne pourra fe difpenfer de s'y trouver, & d'y opiner.

D C X X.

ILS feront au moins au nombre de fept, compris le *Leur nombre.* Préfident.

D C X X I.

QUAND il n'y aura point affez d'Officiers d'Infanterie, *Recours aux Officiers des différens corps.* foit en pied ou réformés, dans une garnifon, pour juger un Soldat, on aura recours aux Officiers de Cavalerie & de Dragons de la même garnifon : & réciproquement, lorfqu'il s'agira du jugement d'un Cavalier ou Dragon, s'il n'y a pas dans la garnifon fuffifamment d'Officiers, foit en pied ou réformés, de ces deux corps, on y appellera des Officiers d'Infanterie de la garnifon.

D C X X I I.

SI en raffemblant tous les Officiers de la garnifon de ces différens corps, il ne s'en trouvoit pas le nombre requis pour tenir le Confeil de guerre, le Commandant de la place y fuppléera, en appellant les Officiers, foit d'Infanterie, foit de Cavalerie ou de Dragons, des garnifons voifines; lefquels, fous aucun prétexte, ne pourront fe difpenfer de s'y rendre.

DCXXIII.

LES Officiers de la garnifon où le Confeil de guerre fe tiendra, ne pourront faire difficulté d'admettre les Officiers des places voifines qui y auront été ainfi appelés, ni prétendre avec eux d'autre rang que celui de l'ancienneté de leurs corps.

DCXXIV.

LORSQU'UN Capitaine de la garnifon où fe tiendra le Confeil de guerre, commandera dans la place, il aura la préféance fur ceux qui fe rendront dans ladite place, quoique d'un corps plus ancien.

DCXXV.

Sergens & Ma-réchaux-des-logis, faute d'Officiers.

AU défaut d'Officiers dans la place & les garnifons voifines, pour juger les Soldats, Cavaliers & Dragons, on admettra au Confeil de guerre, des Sergens & Maréchaux-des-logis de la garnifon, jufqu'au nombre néceffaire.

DCXXVI.

Affemblée des Juges.

TOUS ceux qui devront compofer le Confeil de guerre, fe rendront chez le Commandant de la place, à l'heure de la matinée qui leur aura été prefcrite; & ils iront avec lui entendre la meffe, qui fera dite avant qu'ils fe mettent en place.

DCXXVII.

LESDITS Officiers feront à jeun; ceux d'Infanterie auront des guêtres, & porteront leur hauffe-col; ceux de Cavalerie auront leurs bottes, & ceux de Dragons leurs bottines.

DCXXVIII.

Ordre dans lequel ils fiègeront.

AU retour de la meffe, le Commandant de la place s'étant affis, les autres juges prendront leur place alternativement à fa droite & à fa gauche; ceux d'Infanterie fe placeront fuivant leur grade & l'ancienneté des régimens dont ils feront, de manière que les Capitaines du fecond régiment ne prennent rang qu'après que ceux du premier feront placés, & ainfi des Lieutenans.

DCXXIX.

D C X X I X.

A l'égard des Officiers de Cavalerie & de Dragons, ils se placeront de même alternativement à droite & à gauche du Président, suivant leur grade; & prendront séance entr'eux, suivant l'ancienneté de leurs commissions ou brevets.

D C X X X.

Les Officiers réformés d'Infanterie prendront séance après tous les Officiers en pied d'Infanterie de même grade; & entr'eux, suivant l'ancienneté de leurs commissions ou lettres.

D C X X X I.

Ceux de Cavalerie & de Dragons prendront séance avec les Officiers de Cavalerie & de Dragons en pied, suivant l'ancienneté de leurs commissions ou brevets.

D C X X X I I.

Les Officiers de Cavalerie appelés à un Conseil de guerre d'Infanterie, & ceux d'Infanterie appelés à un Conseil de guerre de Cavalerie, prendront séance à main gauche du Président; & en ce cas les Officiers du corps dont sera l'accusé, se rangeront successivement à la droite du Président.

D C X X X I I I.

Le Commissaire des guerres ayant la police de la troupe dont sera l'accusé, pourra assister au Conseil de guerre; en ce cas, il se mettra à la gauche du Président, & pourra représenter aux Juges les ordonnances rélatives au délit dont il sera question; mais il n'y aura point voix délibérative. *Commissaire des guerres.*

D C X X X I V.

Le Major s'asseoira près de la table vis-à-vis le Président, & apportera les Ordonnances militaires & les Informations. *Place du Major.*

D C X X X V.

Tous les Officiers de la garnison, de quelque corps qu'ils soient, pourront être présens au Conseil de guerre, & ils s'y tiendront debout, chapeau bas, & en silence. *Présence des Officiers de la garnison.*

Dd

DCXXXVI.

Rapport du procès.

LES Juges étant affis & couverts, après que le Préfident aura dit le fujet pour lequel le Confeil de guerre fera affemblé, le Major de la place fera la lecture de la requête contenant plainte, des informations, du récolement & de la confrontation des témoins, & de fes conclufions qu'il fera tenu de figner.

DCXXXVII.

Interrogatoire de l'accufé.

APRÈS la vifite & la lecture entière du procès, le Préfident ordonnera que l'accufé foit amené devant l'affemblée, où il le fera affeoir fur une fellète, fi les conclufions font à peines afflictives, finon l'accufé y comparoîtra debout.

DCXXXVIII.

LE Préfident, après lui avoir fait prêter ferment de dire vérité, procédera à fon dernier interrogatoire : chaque Juge pourra l'interroger à fon tour ; & il fera reconduit en prifon quand les interrogatoires feront finis.

DCXXXIX.

Manière d'opiner.

L'ACCUSÉ étant forti, le Préfident prendra les voix pour le jugement de l'accufé.

DCXL.

LE dernier Juge opinera le premier, & ainfi de fuite en remontant jufqu'au Préfident, qui opinera le dernier.

DCXLI.

DANS les Confeils de guerre mêlés d'Officiers d'Infanterie & de Cavalerie, les Officiers de Cavalerie opineront les premiers, s'il s'agit de juger un Fantaffin ; & ce feront les Officiers d'Infanterie, s'il s'agit de juger un Cavalier.

DCXLII.

CELUI qui opinera, ôtera fon chapeau, & dira à voix haute, que trouvant l'accufé convaincu, il le condamne à telle peine ordonnée pour tel crime ; ou que le jugeant innocent, il le renvoie abfous ; ou fi l'affaire lui paroît douteufe faute de preuves, qu'il conclut à un plus amplement informé, l'accufé reftant en prifon.

D C X L I I I.

A mesure que chaque Juge donnera son avis, il l'écrira au bas des conclusions du Major, & le signera.

D C X L I V.

L'avis le plus doux prévaudra dans les jugemens, si le plus sévère ne l'emporte de deux voix; & l'avis du Président ne sera compté que pour une voix, de même que celui des autres juges.

D C X L V.

L'accusé étant jugé, le Major fera dresser la sentence *Sentence.* suivant les modèles imprimés qui lui seront envoyés: Tous les juges signeront au bas, quand bien même ils auroient été d'avis différent de celui qui aura prévalu; & il en sera envoyé une expédition au Secrétaire d'état ayant le département de la guerre.

D C X L V I.

Le Major ira ensuite à la prison, avec celui qui lui servira de Greffier; & si l'accusé est renvoyé absous, il le fera mettre en liberté aussi-tôt après que sa sentence lui aura été lûe.

D C X L V I I.

Si l'accusé est condamné à mort ou à une peine corporelle, le Major le fera mettre à genoux, pendant que le Greffier lui lira sa sentence : dans le premier cas on lui donnera aussi-tôt un Confesseur, & il sera exécuté dans la journée; dans le second, il restera en prison jusqu'au moment de l'exécution.

D C X L V I I I.

Défend Sa Majesté aux Commandans des places, d'ordonner ni souffrir, sous tel prétexte que ce puisse être, qu'il soit sursis à l'exécution d'un jugement du Conseil de guerre, sans un ordre exprès de Sa Majesté.

D C X L I X.

Dans les cas néanmoins où des Soldats Invalides *Invalides.* feront prévenus de quelque crime ou délit militaire, toute la procédure sera instruite sous l'autorité du Conseil de guerre, & conduite jusqu'à jugement définitif exclusivement ; l'intention de Sa Majesté étant qu'il soit sursis audit jugement, en attendant que fur le compte qui lui en fera rendu, il en foit par Elle ordonné.

D C L.

Le Commandant de la place pourra, s'il le juge à propos, faire prendre les armes à toute la garnifon, pour affifter aux Exécutions, ou feulement au régiment dont fera le coupable, & à des piquets des autres corps.

D C L I.

Lorsque l'on amènera le criminel fur le lieu de l'exécution, les troupes feront fous les armes, les Officiers à leurs poftes, les Tambours battront aux champs; & il fera publié un ban à la tête de chaque troupe, portant défenfe de crier *(Grace)* fous peine de la vie.

D C L I I.

Le criminel étant arrivé au centre des troupes, on le fera mettre à genoux, & on lui lira fa fentence à haute voix, après quoi on le conduira au lieu du fupplice.

D C L I I I.

Celui qui aura été condamné à être pendu, fera paffé par les armes, au défaut d'exécuteur; & en ce cas, il en fera fait mention au bas de la fentence.

D C L I V.

L'exécution étant faite, les troupes défileront devant le mort; le régiment dont fera l'exécuté, marchant avant les piquets.

D C L V.

Les régimens étrangers, ayant leur juftice particulière, pourront tenir leurs Confeils de guerre dans les places, chez leur Commandant, à la prifon ou en tel autre endroit qu'ils jugeront convenable; & les Majors de ces régimens, inftruiront les procès des Soldats de leurs corps, felon les formes ufitées dans leur nation, à l'exclufion de ceux des places.

D C L V I.

Les Commandans de ces régimens, ne pourront cependant affembler le Confeil de guerre, qu'après en avoir demandé la permiffion au Commandant de la place; &

ils

ils seront tenus d'envoyer un Officier l'informer du jugement, & lui demander la permiſſion de le faire exécuter
ſuivant leur uſage.

D C L V I I.

LA Gendarmerie & le régiment des Gardes-françoiſes
exerceront leur juſtice dans les places, ainſi qu'elle eſt
établie dans leurs corps.

Gendarmerie & Gardes-françoiſes.

DE LA CONSERVATION DES FORTIFICATIONS
& bâtimens civils à l'uſage des troupes dans les places.

D C L V I I I.

LES Officiers des E'tat-majors des places, veilleront à
l'exécution des ordonnances concernant la conſervation
des fortifications, & à ce qu'il ne ſoit bâti aucune maiſon
en dedans & aux environs deſdites places, qu'aux endroits
permis.

L'E'tat-major y veillera.

D C L I X.

ILS feront une fois le mois, conjointement avec l'Ingénieur en chef, la viſite des bâtimens à l'uſage des troupes, corps-de-gardes, guérites & paliſſades.

Viſite avec les Ingénieurs.

D C L X.

A l'arrivée d'une troupe qui devra être logée dans les
caſernes, un Officier-major de ladite troupe, avec un de
ceux de la place & un Ingénieur, feront la viſite deſdites
caſernes & des uſtenſiles appartenant au Roy, qui devront
être remis à la troupe ; & ils en dreſſeront un inventaire, dont chacun d'eux gardera une expédition ſignée
de ces trois Officiers : & la même viſite ſera faite au départ de la troupe, afin que s'il manque quelque choſe, ou
qu'il ait été fait quelque dégradation, la retenue néceſſaire
pour le remplacement des effets perdus, ou pour la répara-
tion du dommage, ſoit ordonnée.

Viſite des Caſernes à l'arrivée des Troupes.

D C L X I.

IL ſera poſé trois ſerrures à chaque porte des magaſins

Clefs des maga-ſins d'artillerie.

de munitions de guerre & d'artillerie, avec différentes clefs; dont l'une fera gardée par le Gouverneur ou Commamdant de la place, une autre par le Commiffaire d'artillerie, & la troifième par le Garde-magafin; en forte qu'aucun d'eux ne puiffe y entrer fans la participation des deux autres; & dans les places où il n'y aura point de Commiffaire d'artillerie, il n'y aura audit magafin que deux ferrures.

D C L X I I.

Jardins. Les jardins & arbres fruitiers qui fe trouveront dans l'enceinte des magafins à poudre, feront totalement détruits; & l'on ne fouffrira point qu'il y foit planté ni arbres, ni légumes, ni qu'il y entre aucunes perfonnes que celles qui font néceffaires pour le fervice des magafins.

D C L X I I I.

Beftiaux pâturant fur les ouvrages. On empêchera également qu'aucuns beftiaux ne pâturent fur les remparts, dans les foffés, demi-lunes & autres ouvrages, ni fur les glacis; voulant Sa Majefté que ceux qui y feront faifis par les Soldats de garde, foient confifqués à leur profit, & que qui que ce foit ne puiffe les obliger à reftituer lefdits beftiaux, ni leur valeur, Sa Majefté leur en faifant don.

D C L X I V.

On ne pourra y labourer ni femer. Défend Sa Majefté aux Officiérs-majors des places, de faire labourer ni femer fur les remparts, baftions & autres ouvrages, foffés & glacis defdites places; leur permettant feulement d'en faire couper l'herbe deux fois l'an, en prenant les précautions néceffaires pour ne caufer aucun dommage.

DES ÉMOLUMENS DES ÉTAT-MAJORS
des places.

D C L X V.

Herbes. Sa Majesté ayant bien voulu accorder aux Officiers des Etat-majors de ſes places, la jouiſſance des herbes qui y croiſſent dans les ouvrages, ſon intention eſt que le partage en ſoit réglé entr'eux comme il ſuit; à moins qu'il n'ait été établi autrement par des déciſions particu-lières, en conſidération des ſingularités qui ſe trouvent dans la conſtruction de certaines places.

D C L X V I.

Le Gouverneur aura les herbes des remparts du corps de la place, des baſtions & autres ouvrages qui y ſont attachés, ainſi que des foſſés qui les environnent.

D C L X V I I.

Les herbes des demi-lunes, ravelins, contre-gardes, & tous autres ouvrages détachés du corps de la place, de leurs foſſés, & des chemin-couverts, appartiendront au Lieutenant de Roy.

D C L X V I I I.

Les Majors & Aide-majors jouiront de celles des glacis, & des avant-foſſés, lorſqu'il y aura des doubles glacis.

D C L X I X.

Le Major aura les deux tiers, & l'Aide-major l'autre tiers; & lorſqu'il y aura pluſieurs Aide-majors, la même proportion ſera obſervée, de manière que le Major ait toujours le double d'un Aide-major.

D C L X X.

La pêche dans les foſſés remplis d'eau, appartiendra aux *Pêche,* mêmes Officiers qui y jouiroient du produit des herbes, s'ils étoient à ſec.

D C L X X I.

Le produit des Cantines ſera partagé, moitié au Gou- *Cantines,* verneur, un quart au Lieutenant de Roy, & l'autre quart aux Majors & Aide-majors, dans la proportion ci-devant expliquée pour le partage des herbes.

E e ij

D C L X X I I.

LES fumiers des chevaux des Cavaliers & Dragons étant établis dans les casernes, appartiendront aux Majors des places, ainsi que le produit des latrines, à moins qu'il n'ait été rendu des décisions contraires; à condition que lesdits Majors se chargeront de faire enlever lesdits fumiers & autres immondices, de façon qu'ils ne nuisent pas aux bâtimens; & de fournir aux Cavaliers & Dragons, les fourches & pelles nécessaires pour nettoyer les écuries.

D C L X X I I I.

LES Gendarmes & Hussards auront la disposition des fumiers de leurs chevaux, aux mêmes conditions de les faire enlever, & de se fournir des ustensiles nécessaires pour les manœuvres.

D C L X X I V.

LES émolumens des emplois vacans dans les Etat-majors des places, appartiendront, savoir, ceux des Gouverneurs, aux autres Officiers dudit Etat-major, entre lesquels ils seront repartis comme il est dit ci-dessus.

Ceux de la Lieutenance de Roy, à l'Officier qui sera chargé du commandement pendant la vacance, à moins que le Gouverneur ne fût présent; auquel cas ils seront partagés entre le Major & les Aide-majors.

Et ceux de la Majorité, ainsi que des autres emplois inférieurs, à ceux qui en feront les fonctions jusqu'à ce qu'ils soient remplis.

D C L X X V.

LE logement & les autres émolumens qui sont personnels aux Officiers employés, ne pourront être prétendus pendant la vacance des emplois; & demeureront éteints & supprimés au profit de ceux qui en seront chargés, tant que Sa Majesté n'aura pas nommé auxdits emplois.

D C L X X V I.

LES Officiers des Etat-majors des places ne pourront
recevoir

recevoir aucune rétribution des troupes de la garnison, sous prétexte des fauteuils, chevaux de ronde, écrivains, droits de sortie de prison, abonnemens de café, & sous tel autre titre que ce puisse être.

DCLXXVII.

NE pourront lever ni exiger aucune chose quelconque, soit en nature ou argent, sur les bois, vin, biére, & autres denrées qui se consomment dans les villes & places, & qui y entrent ou en sortent; ni obliger les bouchers à leur donner les langues des bœufs, moutons, porcs & autres bestiaux qu'ils tuent, s'ils ne sont autorisés à percevoir ces droits par des Arrêts du Conseil, ou autres décisions particulières de Sa Majesté.

Droits sur le bois, boissons & boucheries.

DCLXXVIII.

NE pourront s'approprier les armes & chevaux des déserteurs de troupes étrangères; lesquels, lorsqu'il n'y aura point de cartel, seront vendus au plus offrant, au profit desdits déserteurs; si ce n'est à l'égard des chevaux des Hussards, que les régimens de cette nation pourront réclamer, en les payant sur le pied qui sera réglé.

Armes & chevaux des Déserteurs étrangers.

DCLXXIX.

NE pourront pareillement faire conserver la chasse aux environs des villes, ni y chasser eux-mêmes, ou permettre aux Officiers de leur garnison d'y chasser, s'il n'a été rendu une ordonnance pour fixer l'étendue & les bornes de la réserve qui leur auroit été accordée.

Chasse.

DES SCELLÉS ET INVENTAIRES
des Officiers des E'tat-majors, & autres.

DCLXXX.

LES Majors des places, & les Aide-majors en leur absence, pourront apposer le scellé sur les effets des Officiers d'Infanterie, de Cavalerie & de Dragons, qui

Cas où il appartient au Major de mettre le scellé.

mourront dans leur Place, & en faire l'inventaire, si ces Officiers y sont tombés malades leur troupe y passant, ou y étant en garnison.

DCLXXXI.

ILs en feront de même sur les effets des Officiers d'artillerie qui décéderont dans les places y étant employés par semestre, ou des Ingénieurs qui y serviront par extraordinaire; mais à l'égard de tous les autres Officiers militaires qui feront employés en résidence fixe dans les places, ou qui s'y trouveront sans leur troupe, ou sans emploi, le droit en appartiendra aux Juges des lieux qui ont la connoissance des causes des Nobles.

DCLXXXII.

Vente des effets. L'OFFICIER major de la place ne pourra faire vendre les effets des successions qu'il aura inventoriés, si cette vente n'est nécessaire pour l'acquit des dettes que le défunt auroit faites dans la garnison, & pour le payement des frais funéraires, ou s'il n'en est requis par les héritiers; en ce cas il pourra retenir le sol pour livre sur le produit de la vente.

DCLXXXIII.

Remise du produit. IL remettra lesdits effets, ou ce qui restera du produit de la vente, lesdites dettes acquittées, à celui ou ceux qui justifieront être les héritiers du défunt, en retirant d'eux une décharge valable; & en cas de contestation, il déposera lesdits effets ou argent, au Greffe de la Justice des lieux, pour les délivrer à qui il appartiendra.

DCLXXXIV.

Retirer les papiers du Roy, & la levée des scellés. LORS de la levée des scellés qui auront été mis par les Juges des lieux sur les effets de la succession des Officiers militaires en résidence, ils seront tenus d'y appeller le Major de la place, ou un Aide-major en son absence, pour en retirer les papiers qui concerneront le service du Roy, & les remettre au successeur du défunt

dans son emploi ; ou les envoyer au Secrétaire d'état ayant
le département de la guerre, si le défunt n'étoit pas dans
le cas d'être remplacé.

DCLXXXV.

L'ÉPÉE que portoit ordinairement l'Officier défunt, *Droit d'épée.*
sera mise sur son cercueil lors de son enterrement ; & le
Major de la place, ou l'Aide-major en son absence, pourra
la retenir comme un honoraire, en considération du soin
qu'il aura pris de faire rendre les honneurs militaires au
convoi.

DCLXXXVI.

SI le prix de cette épée étoit nécessaire pour l'acquit-
tement des dettes du défunt, elle y seroit employée par
préférence.

SI le défunt en avoit disposé authentiquement avant sa
mort, il en seroit mis une autre à la place.

DCLXXXVII.

LES Majors des régimens étrangers, mettront le scellé *Régimens*
sur les effets de la succession des Officiers de ces régimens, *étrangers.*
& en feront l'inventaire & la vente, par préférence à ceux
des places : mais à l'égard de l'épée desdits Officiers, elle
appartiendra au Major de la place, à l'exclusion du Major
du régiment étranger, lorsque le convoi desdits Officiers
étrangers aura reçû les honneurs militaires, par les soins
du Major de ladite place.

DCLXXXVIII.

LES Majors des places, ne pourront exiger les sabres *Cavalerie.*
des Officiers de Hussards qui décéderont dans les places,
ni les pistolets des Officiers de Cavalerie.

DU PARTAGE DU SERVICE
entre les Officiers-majors des places.

DCLXXXIX.

L'INTENTION de Sa Majesté étant, que les Officiers- *Ne se dispenseront*
F f ij
chacun de leur
service.

majors des places tiennent la main à l'exécution de la préfente ordonnance, avec la plus grande exactitude, Elle entend qu'ils ne faffent aucun arrangement entr'eux, qui ne doive tendre à apporter plus de célérité & de précifion dans le fervice; & pour cet effet, Elle veut que dans les places où il n'y aura qu'un Officier de chaque grade, un d'eux ne puiffe jamais être chargé par mois ni par femaine, des fonctions auxquelles ils doivent tous également contribuer, chacun pour ce qui les concerne.

D C X C.

Arrangemens pour les grandes places.

A l'égard des places plus confidérables, où il y aura plufieurs Aide-majors & Capitaines des portes, le Commandant leur partagera le foin de l'ouverture & de la fermeture des portes, le plus également qu'il fera poffible.

D C X C I.

IL pourra partager pareillement entre les Aide-majors, & les Capitaines des portes ayant brevet d'Aide-major, les différens quartiers de la ville, à la tranquillité & le bon ordre defquels chacun d'eux devra veiller, de même qu'à la régularité des gardes qui s'y trouveront.

D C X C I I.

UN des Aide-majors fera alternativement de femaine, pour remplacer le Major dans toutes les fonctions auxquelles celui-ci ne pourra vaquer, ce qui ne difpenfera pas cet Aide-major, du foin de la police du quartier qui lui fera affecté.

D C X C I I I.

Se trouveront le matin chez le Commandant.

LESDITS Officiers-majors fe trouveront tous les matins à huit heures chez le Commandant de la place, pour l'informer de ce qui fe fera paffé pendant la nuit ainfi que le matin à l'ouverture des portes, & pour recevoir fes ordres fur ce qu'ils auront à faire.

D C X C I V.

LE Major ou l'Aide-major de femaine, lorfque le Major

ne

ne sera pas présent, lui rendra compte des rondes & des patrouilles qui auront été faites pendant la nuit.

D C X C V.

ENJOINT Sa Majesté aux Gouverneurs & Commandans des places, d'apporter la plus grande attention à ce que tous les articles de la présente ordonnance soient exécutés à la lettre sans aucune omission ni variation, telle qu'elle puisse être; voulant que dans les cas qui leur paroîtroient devoir exiger quelque exception, ils en écrivent au Secrétaire d'état ayant le département de la guerre, & que cependant ils ne puissent se dispenser sous aucun prétexte, de se conformer à ce qui y est prescrit, jusqu'à ce que Sa Majesté leur ait fait savoir ce qu'Elle aura décidé.

Les Commandans se conformeront à l'ordonnance, en attendant des ordres sur les cas particuliers.

D C X C V I.

VEUT pareillement Sa Majesté, que les Majors des places veillent de leur côté, à ce que la présente ordonnance soit suivie en tout point; & qu'en cas de contravention, après avoir fait au Commandant les représentations convenables, ils en rendent compte au Secrétaire d'état ayant le département de la guerre, & au Commandant de la province; au défaut de quoi ils demeureront responsables desdites contraventions, de même que s'ils en étoient les auteurs, & qu'ils les eussent ordonnées eux-mêmes.

Les Majors informeront des contraventions.

MANDE & ordonne Sa Majesté, aux Gouverneurs & Lieutenans généraux commandant en ses provinces, Gouverneurs particuliers, Commandans & autres Officiers de l'Etat-major de ses places, Officiers généraux de ses armées, Directeurs & Inspecteurs généraux de ses troupes, Colonels, Mestres-de-camp, Lieutenant-colonels, Commandans de bataillon, Capitaines, Lieutenans & autres Officiers de ses troupes de Gendarmerie, Cavalerie, Dragons & Infanterie, tant françoises qu'étrangères; Commissaires des guerres, Ingénieurs, Officiers d'Artillerie, & tous autres qu'il appartiendra, de se conformer, chacun à son égard, au présent règlement, sans permettre qu'aucun de ceux qui sont sous leur charge, y contrevienne, en quelque manière & sous tel prétexte que ce soit : dérogeant Sa Majesté à toutes ordonnances à ce contraires.

FAIT à Compiegne, le vingt-cinq juin mil sept cens cinquante. *Signé* LOUIS. *Et plus bas,* M. P. DE VOYER D'ARGENSON.